信仰のすすめ

泥中《でいちゅう》の花・透明《とうめい》な風の如《ごと》く

大川隆法

まえがき

本書『信仰《しんこう》のすすめ』は、手ごろなかたちで、幸福《こうふく》の科学《かがく》の教え、その方向性《ほうこうせい》をまとめたものであり、また、宗教書《しゅうきょうしょ》としてとても良心的な内容《ないよう》になっていると思う。

第1章「泥中《でいちゅう》の花」は、まさしく、仏教的《ぶっきょうてき》なる思想を、現代《げんだい》の戦争やテロや震《しん》災《さい》が頻繁《ひんぱん》に起きる世の中で、どのように捉《とら》えたらよいのか、どのように考えたらよいのか、どのように取り組んだらよいのかということを指《さ》し示《しめ》した内容となっている。「これが現代の『法華経《ほけきょう》』の意味なのか」と驚《おどろ》かれる方もいるだろう。

確《たし》かに、この世の中は、ちょうど泥沼《どろぬま》のような醜《みにく》い様相《ようそう》を呈《てい》しているかもしれない。しかし、そのなかに、泥中の花、一本の蓮《はす》の花として、この世ならざる悟《さと》りの花を咲《さ》かせることは、誰《だれ》にも可能《かのう》である。そういう主張《しゅちょう》を盛《も》り込《こ》んでいる。

第2章の「死後の世界について」は、前作である、私の法シリーズの『神秘《しんぴ》の法』（幸福の科学出版刊）を補完《ほかん》する内容ともなっている。死後の世界について、さらに、さまざまな詳細《しょうさい》な説明を加えており、『神秘の法』と併《あわ》せて読まれると、いっそう理解《りかい》が深まるものであると考えている。

第3章「信仰とは何か」は、かつての大講演会《だいこうえんかい》での質疑応答《しつぎおうとう》などをとりまとめたものであるが、その中心論点《ろんてん》として信仰にかかわるものへの簡明《かんめい》な質疑応答集となっている。質問《しつもん》に対する答えとして、私の信仰にかかわる回答が幾《いく》つか表《あら》されたことによって、私の信仰面に関する中心的な思想の軸《じく》とも言うべきものが明らかにされていると思われる。

最後の第4章「愛は風の如《ごと》く」は、主《しゅ》として国際《こくさい》伝道を念頭《ねんとう》に置《お》いて、外国人を対象《たいしょう》に説法《せっぽう》した内容である。「愛は風の如く」は、偉大《いだい》なる英雄《えいゆう》ヘルメスの生涯《しょうがい》を語った、私の著書《ちょしょ》の題名でもあるが、そうしたヘルメスの思想を、欧米文化《おうべいぶんか》圏《けん》にある方にも分かるようなかたちで、キリスト教を理解している者の考え方を前提《ぜんてい》としながら語り下ろしたのが、その内容となっている。

ヘルメスの思想を明らかにすると同時に、仏教思想とギリシャ思想とを両軸《りょうじく》にして幸福の科学の思想が成り立っていることを述《の》べた。さらに、かつての教えが現代でどのように展開《てんかい》されているのか、それがキリスト教世界とどのような関係になっているのかというようなことを中心的に語り下ろした。海外での聴講者《ちょうこうしゃ》の評判《ひょうばん》も、けっこうよかったと考えている。

こうした内容をとりまとめて一冊《いっさつ》の書物《しょもつ》とし、上梓《じょうし》することになった。おそらく多くの人々に愛読される本になるであろうと思っている。一人でも多くの方に本書を読んでいただけることを切《せつ》に願《ねが》っている。

二〇〇五年　春

幸福《こうふく》の科学《かがく》グループ創始者兼総裁《そうししゃけんそうさい》　大川隆法《おおかわりゅうほう》

信仰のすすめ　目次

第2章　死後の世界について

第3章　信仰《しんこう》とは何か（質疑応答《しつぎおうとう》）

第1章

泥中《でいちゅう》の花

1　世の中は自分の思うようにならない

本章では、仏教《ぶっきょう》の中心的な教えを、現代的《げんだいてき》に翻訳《ほんやく》しつつ、簡単《かんたん》に述《の》べていきます。

この世の中に対する見方は、いろいろあるでしょうが、人の苦しみの大部分は、結局、「世の中は自分の思うようにならない」ということによるものです。

もちろん、自助努力をして、ある程度《ていど》まで、自分の力の範囲内《はんいない》で物事《ものごと》を達成することは可能《かのう》です。しかし、それを超《こ》えた、もう一段《いちだん》大きな力が働いたり、もう一段大きな不幸が襲《おそ》ってきたり、もう一段大きな激流《げきりゅう》が襲ってきたりしたときに、それに抗《あらが》うことができなくて、苦しみの波間《なみま》に漂《ただよ》うのが、大多数の人たちの姿《すがた》なのです。

それは、時代を変えても同じであり、たとえ、どのような環境《かんきょう》をつくり出したとしても、そのなかで波間に溺《おぼ》れていく人たちが必《かなら》ず出てくるのです。

2 全体的な目で自分や世界を見る

人間は実《じつ》にわがままにできている

以前《いぜん》、テレビで、かつて流行《はや》った「おしん」というドラマの再放送《さいほうそう》をやっていました。

戦前の貧《まず》しい時代、食べていけない時代に、東北の農村などでは、「子供《こども》がたくさんいると困《こま》る」ということで、口減《くちべ》らしのために、子供は幼《おさな》いうちから外へ働きに出されました。そのドラマでも、「幼いおしんが、子守《こもり》をしながら、苦しい思いをして成長する」という話をやっていました。

当時は、貧しくて、生きていくのも大変な時代ですが、そのドラマのなかで、おしんは、お昼ごはんも食べさせてもらえず、背中《せなか》に子供を背負《せお》って子守をしながら、「学校へ行きたい」と言っていました。

ところが、時代が変わって飽食《ほうしょく》の時代になったら、今度は、「学校へ行きたくない」「塾《じゅく》へ行きたくない」という人がたくさん出てきています。あるいは、学校や塾へ行っていても、「勉強は嫌《きら》いだ」と言ったり、通《かよ》っている学校や塾が気に入らなくて、なかなか納得《なっとく》しなかったりします。

また、戦時中や戦後の荒廃期《こうはいき》などの食糧難《しょくりょうなん》の時代には、意外に、自殺をする人はあまりいないものです。そんなことをしなくても、何日も食べずにいたら死ぬからです。「あと何日、生きられるか」ということを、誰《だれ》もが考えているなかで、わざわざ自殺はしないのです。

むしろ、飽食の時代、食べ物がたくさんあって、食べるのに困らない時代に、何かに不満を感じて自殺する人がたくさん出るのです。まことに不思議《ふしぎ》です。

幸福《こうふく》の科学《かがく》は、二〇〇三年の年初《ねんしょ》から、自殺防止《ぼうし》のキャンペーンを行《おこな》っています。


しかし、その一方で、ネット自殺というものが新聞などでは報道《ほうどう》されています。それは、「インターネットを通じて知り合った〝自殺仲間《なかま》〟たちが、連絡《れんらく》を取り合い、落ち合って、山のなかなどで一緒《いっしょ》に死ぬ」というものです。一人で死ぬのはさみしいのでしょうか、三人、四人と集まって死ぬわけです。

そして、「練炭《れんたん》のガスを吸《す》って死んだ」という報道がされていました。練炭は、昔《むかし》はよく家庭で使われていましたが、最近はあまり見かけなくなったので、「練炭とは、また古い手を使うな」と私は驚《おどろ》きました。

自殺する人にとっては、世の中がおもしろくないのでしょう。生きていくのも楽しくないということなのでしょう。

食糧がない時代には、自殺をするどころか、「何とかして生きたい。闇米《やみごめ》を買ってでも生きたい。食糧を盗《ぬす》んででも生きたい」という人が多いし、学校になかなか行けない時代の人たちは、「何とかして学校へ行きたい」と言っていました。ところが、食糧が豊富《ほうふ》にあり、学校へ行くことがありふれたことである時代になると、「勉強はしたくない」「学校は行きたくない」と言ったり、「生きるのが面倒臭《めんどうくさ》い」「あれこれ言われて嫌《いや》だ」ということで自殺したりするのです。まことに不思議なものです。

人間は、自分の主観《しゅかん》に流されていると、こういうことが分からないのですが、大きな目、全体的な目で見ると分かります。

「人間というものは、実《じつ》にわがままにできているものだ」と思います。

自分よりも、もっともっと苦しんでいる人たちや貧しい人たちと比《くら》べてみると、自分は恵《めぐ》まれた環境《かんきょう》にあることが分かるのですが、そこまでは頭が回らずに、自分を中心とした世界観《せかいかん》で物事《ものごと》を見て、ちょっとしたことが原因《げんいん》で衝動的《しょうどうてき》に死んでしまったりするのです。

「自分だけの物差しを離《はな》れた目で自分を見る」ということが、いかに難《むずか》しいかが分かります。

それから、「自分の周《まわ》りだけではなく、もっと広い、たとえば地球規模《きぼ》の目で物事を捉《とら》え、自分が住んでいる世界や社会、学校、家庭などを見、そのなかに生きている自分の姿《すがた》を見る」ということも、よくよく考えなければいけません。

すべての人を同じ立場に置《お》くことはできない

現代《げんだい》という時代は、いろいろなものが、混在《こんざい》、雑居《ざっきょ》している時代です。

インドやアフリカでは、まだ、泥《どろ》でつくった家に住んでいる人がたくさんいます。彼《かれ》らは、牛糞《ぎゅうふん》を、せんべいのようにしてペタッと家の壁《かべ》に張《は》りつけ、天日干《てんぴぼ》しにして乾《かわ》かし、燃料《ねんりょう》にしています。

そういう所で生きている人もいるかと思えば、片《かた》や、一発が何億円もするミサイルを製造《せいぞう》して、相手側《あいてがわ》に撃《う》ち込《こ》んでいる人たちもいます。

現代は、いろいろなものが混在した、不思議な時代なのです。

もし、天変地異《てんぺんちい》があって、先進国《せんしんこく》の地域《ちいき》が沈《しず》んでしまい、後《おく》れている所だけが残った場合には、後代《こうだい》の人たち、たとえば二千年後の人たちなどは、「この時代の人々は、まだ泥で家をつくっていて、たぶん、燃料の代わりに、牛の糞か何かを使っていたのではないか」と思うかもしれません。そこだけが残っていて、先進地域が沈んでしまっていたら、そう見えることもあるでしょう。

このように、現代においては、いろいろなものが雑居し、いろいろな価値観《かちかん》が錯綜《さくそう》しているのです。

したがって、世界の六十億以上の人々（発刊時点）を見ながら、地球規模の目で、世界の人々の幸・不幸というものをじっと眺《なが》めてみると、「この六十億以上の人々をすべて満足させ、幸福にする」ということが、どれほど難しいことかが分かるでしょう。そういうことを分かっていただきたいのです。

「みんな幸福になれ」と思っても、なかなか、そうはいきません。すべての人々を、満足できる環境に、満足できる世界に、あるいは、そういう立場に置《お》くことは、極《きわ》めて難しいのです。

いかに近代的な国であり、いかに発展《はってん》した会社であっても、そのなかで、社長や副社長に出世《しゅっせ》し、高度な判断《はんだん》をしている人もいれば、単に書類をメールにして運ぶメール係や、書類をファイルするファイル係のように、単純作業《たんじゅんさぎょう》をしている人もいます。

ファイル係をしている人は、「仕事がおもしろくない」と思っているかもしれませんが、その人が帰ったあと、その場所の床《ゆか》を掃除《そうじ》しているおばさんなどもいるのです。そういう人たちのことは、意外に気がつかないものですが、いろいろと嫌《いや》な仕事をしている人がいるわけです。

「すべての人、幸福なれ」と思っても、幸福というものについて、「この生き方、この姿、この立場だけが幸福である」という捉《とら》え方をすると、全員を幸福にすることは、どうしてもできません。すべての人を同じ立場に置くことはできないのです。

やはり、それぞれの人が、ばらばらの立場で、ばらばらの環境に置かれます。家族関係も同じにはならないし、男女の違《ちが》いもあるし、年齢《ねんれい》も違うし、収入《しゅうにゅう》も同じにはなりません。役職《やくしょく》の上下も、当然、出てきます。

ある会社に入った人は、みな幸福で、その会社に入れなかった人は、みな不幸かといえば、そんなことはありません。その会社に入った人のなかにも幸・不幸があるし、入れなかった人のなかにも幸・不幸があるのです。

進学でも、ある学校に入れば、みな幸福で、それ以外は、みな不幸かといえば、そうでもありません。

ある会社に入っても幸・不幸があり、ある学校に入っても幸・不幸があり、その会社や学校に入れなくても幸・不幸があります。そのように、いろいろなのです。

したがって、「客観的《きゃっかんてき》な条件《じょうけん》が揃《そろ》えば、自分は満たされ、幸福になる」という考えを持ちつづけていると、ほんとうは、「すべての人が幸福になる」ということはないのです。そのことを知る必要があります。

もちろん、客観的な環境なり事実なりをつくるために努力することは、非常《ひじょう》に大事なことです。それはそれで尊《とうと》いことではあるのです。

しかし、「それによって、すべての人が満たされ、幸福になる」ということはありません。この世的な現実《げんじつ》において幸福を求《もと》めるならば、「すべての人が、それで満足する」ということは、おそらくはないのです。

「出世したい」と思う人もいるでしょう。「権力《けんりょく》が欲《ほ》しい」と思う人もいるでしょう。しかし、出世したら、それなりの難しさがあるのです。

「出世することは幸福だ」と思うかもしれませんが、それなりの立場に立つと、重い責任《せきにん》があり、苦しい判断をしたり、重大な問題を抱《かか》えたりしなくてはならなくなります。下の者も大変ですが、上の者は上の者で、やはり大変なのです。

3 大震災《だいしんさい》や戦争は個人《こじん》の努力を超《こ》えたもの

大震災では善人《ぜんにん》も悪人も不幸に遭《あ》う

個人《こじん》の努力では、どうにもならないものとして、たとえば大震災《だいしんさい》があります。震災で、何千人、何万人もの人々が亡《な》くなることがあります。そのときに、地《じ》震《しん》は、「この人は、よい人だから、ここは避《さ》けて、あちらを襲《おそ》おう」というような器用なことはできません。残念ですが、そうはいかないのです。地震によって起きる大火《たいか》も、「この家だけを避けて通ろう」というわけにはいかないものです。

そういう大震災が起きるときには、残念ながら、善《ぜん》なる人も悪なる人も、程度《ていど》に違《ちが》いはあっても、一定の確率《かくりつ》で不幸に遭《あ》うことは避けられないのです。

一九九五年の阪神《はんしん》大震災のときに、幸福の科学の信者たちは、被災者《ひさいしゃ》の救援《きゅうえん》活動で大変な努力をし、それなりに成果《せいか》もあがって、喜んでいました。

しかし、私は、当時、ニュース番組のなかで一瞬《いっしゅん》だけ観《み》た光景が、いまだに忘《わす》れられません。

そのニュース番組には、神戸《こうべ》の街《まち》の悲惨《ひさん》な姿《すがた》が映《うつ》っていて、瓦礫《がれき》と化した家の下敷《したじ》きになっている家族のことを心配し、家の周《まわ》りで泣《な》いている、たくさんの人たちの姿も映っていました。その映像《えいぞう》のなかで、一瞬、二十代ぐらいの女性の胸《むな》元《もと》で正心宝《しょうしんほう》（幸福の科学の宝具《ほうぐ》の一つで、首にかけて身につけるもの）がキラッと光ったのが見えたのです。

その女性は、おそらく、その潰《つぶ》れてしまった家の娘《むすめ》さんなのでしょう。そして、家の下敷きになったご家族を捜《さが》していたのでしょう。

それを見て、私は、「ああ、当会の信者の家族のなかにも、亡くなった方がいたのだな。かわいそうだな」と思って、深く感じるものがありました。あれから何年もたちますが、そのことをまだ覚《おぼ》えています。

その地域《ちいき》は全滅《ぜんめつ》に近い状況《じょうきょう》だったので、その家だけを救《すく》うことはできなかったのでしょう。もちろん、亡くなったあとは、天上界《てんじょうかい》の幸福の科学の霊団《れいだん》が必《かなら》ず救っているとは思います。ただ、この世的な不幸というものは、必ずしも避けられないことがあるのです。

そういうことがありましたが、幸福の科学で信仰《しんこう》活動をしていた本人は無事《ぶじ》だったのですから、それだけでも幸《さいわ》いであったと思います。

このように、震災などは避けられないのです。

戦争は繰《く》り返し起きてくる

戦争が起きることもあります。

これも、個人の意志《いし》ではどうにもならないし、大勢《おおぜい》の人が「反対だ」と言っても、起きるものは起きます。もっと高次《こうじ》の判断《はんだん》や政治《せいじ》目的などがあって、戦争が起きることはあるのです。多数決で大勢の人が反対したからといって、それを止《と》められるものではありません。また、その奥《おく》には、「歴史の流れとして、どのように物事《ものごと》が流れていくか」という、深い読みもあるでしょう。

二〇〇三年のイラク戦争においても、アメリカのブッシュ大統領《だいとうりょう》がイラクを攻《こう》撃《げき》しようとしているとき、それに対して、世界の七、八十パーセントが反対でしたし、アメリカ国内にも反対する人は多くいました。

もちろん、「戦争で人が死ぬのは、もうごめんだ」というのは、そのとおりでしょう。

一九九一年の湾岸《わんがん》戦争は、多国籍軍側《たこくせきぐんがわ》の大勝利というかたちで終わりましたが、当時、イラクのバスラ郊外《こうがい》でイラクの戦車隊が全滅した姿が写っている写真をチラッと見たところ、それは無残《むざん》なものでした。ほとんど虐殺《ぎゃくさつ》に近いかたちです。一部には、「イラク側の戦死者は十万人余《あま》りである」という情報《じょうほう》さえありました。

文明の差というか、技術《ぎじゅつ》の差があるというのは、戦争においても、これほどの差をもたらすものなのです。そういうことが分かりました。

アメリカ側の戦車隊とイラク側の戦車隊が戦ったら、イラク側が百台損傷《そんしょう》しても、アメリカ側は一台も損傷しないのです。アメリカ側は、それほど強いわけです。

アメリカの戦車はイラクの戦車に劣化《れっか》ウラン弾《だん》というものを撃《う》ち込《こ》みましたが、これは「戦車の装甲《そうこう》を破《やぶ》り、内部で爆発《ばくはつ》する」という砲弾《ほうだん》です。アメリカ側は、そんな進んだ技術を持っていました。

また、アメリカ側は、アパッチという、空から戦車を狙《ねら》うヘリコプターを使って、イラクの戦車を攻撃したりもしました。

これに対して、イラク側は、アメリカの戦車より性能《せいのう》の劣《おと》る戦車しか持っていませんでした。それで勝てるわけがなく、イラクの戦車隊は全滅してしまい、ほとんど大量虐殺に近い状態《じょうたい》になったのです。

しかし、それがあまりにも凄《すさ》まじかったので、「もう、その写真を配信《はいしん》してはいけない」ということになり、欧米《おうべい》では、その写真は流れなくなりました。情報を統制《とうせい》して、その写真を出さなくなったのです。

イラクのほうも、自分たちが負けた場面は見せたくないので、それを見せません。

結果的《けっかてき》に、双方《そうほう》とも、知らない振《ふ》りをしたということでしょうか。

このように、戦争は悲惨《ひさん》なものですが、それでも、また繰《く》り返し起きてくるものです。

人が死ぬのは、みな嫌《いや》なのに、なぜ戦うかというと、一つには、次にまた大きな戦争や不幸が起きるのを抑止《よくし》しようとしているからです。

いまのアメリカのブッシュ大統領が、あれほどイラクとの戦争にこだわった理由も、結局、そういうことなのです。

二〇〇一年の九月に、ウサマ・ビン・ラディンが首謀者《しゅぼうしゃ》のテロがあり、ワールドトレードセンタービル（世界貿易センタービル）やペンタゴン（国防総省）などが襲《おそ》われて、何千人もの人が亡くなりましたが、「その背後《はいご》でサダム・フセインが糸を引いていた」とブッシュは見ていたのです。

要するに、ブッシュは、おそらく、「イラクをそのままにしておくかぎり、あと十年でも二十年でもテロが続く。一国《いっこく》が後《うし》ろ盾《だて》となってテロを支援《しえん》していたら、テロは終わらない。この親玉《おやだま》のところだけは、どうしても許《ゆる》せない」と思ったのでしょう。

ただ、その結果、報復合戦《ほうふくがっせん》になり、どこまででも、いろいろな争《あらそ》いが続いていくと思います。

仏教《ぶっきょう》は、こういうことについて、二千五百年前に、「憎《にく》しみを捨《す》てないと、争いが終わることはない」と説《と》いています。

4　宗教《しゅうきょう》の仕事は「魂《たましい》の救済《きゅうさい》」

戦争では、どちらの側《がわ》にも被害《ひがい》が出る

ある程度《ていど》、合理的なものは別《べつ》として、それを超《こ》えたものについては、人力《じんりょく》では、いかんともし難《がた》いものがあります。

地上の戦争等《とう》については、仏神《ぶっしん》の力をもってしても、なかなか止《と》めることはできません。人間には、この世で許《ゆる》された自由があり、戦争も、それに基《もと》づいて行《おこな》われているので、戦争自体は、なかなか止めることはできないのです。そのため、宗教《しゅうきょう》の仕事としては、結局は、「魂《たましい》の救済《きゅうさい》」ということになるわけです。

ほんとうは、戦争においては勝者もなく敗者もないのです。

湾岸《わんがん》戦争では、イラクの人たちがたくさん亡《な》くなりましたが、アメリカのほうでも、「死者は百人ぐらい」と言いつつも、戦争に従事《じゅうじ》した人たちのあいだに「湾岸戦争症候群《しょうこうぐん》」というものが広がったようで、万の単位の人が入院し、かなり苦しんでいました。

その湾岸戦争症候群について、当初は、「イラクの生物兵器によって被害《ひがい》を受けたのではないか」と考えられていたようですが、どうやら、劣化《れっか》ウラン弾《だん》の粉《こな》を吸《す》って神経《しんけい》が冒《おか》されたことが原因《げんいん》らしいのです。

アメリカは、そういう事実を一生懸命《いっしょうけんめい》に隠《かく》していました。

アメリカには、ベトナム戦争のときも、戦争の後遺症《こういしょう》で、ずいぶん苦しんでいる人たちがいました。

そのように、戦争というものは、どちらの側《がわ》にも、けっこう被害が出るものなので、その後《ご》の魂の救済は大事なことです。

釈尊《しゃくそん》に帰依《きえ》した人々のなかには、もちろん、王もいました。コーサラ国の王もマガダ国の王も仏陀《ぶっだ》の弟子《でし》でしたが、彼《かれ》らは軍隊を持って戦争をしていました。政治《せいじ》には政治の論理《ろんり》があって、戦争は止まらないわけです。

戦争に関する釈尊の考えとして、仏典《ぶってん》に遺《のこ》っているものには、「基本的《きほんてき》には、指導者《しどうしゃ》、すなわち国王の責任《せきにん》なのだ」という言い方をしたものがあります。「それが善《ぜん》なる戦争であったか、悪なる戦争であったかについての責任を問われるのは、国王である。仕事として軍務《ぐんむ》に就《つ》いた人が責任を問われるわけではない。やはり、上の者の判断《はんだん》が問われるのだ。善であったか悪であったかが問われるのは、戦争指導者のほうである」というような言葉が遺《のこ》ってはいるのです。

ただ、現実《げんじつ》には、たとえば、大統領《だいとうりょう》の命令によってベトナムで戦争をしたアメリカの軍人たちは、自分たちが、ベトコンという、ゲリラ兵にも見えるし民間人《みんかんじん》にも見える人たちをそうとう殺したことに対して、その後、悪夢《あくむ》に悩《なや》まされ、思い出すと発狂《はっきょう》しそうなぐらいの苦しみを味わっています。

したがって、「仕事として軍務に就いた人が責任を問われるわけではない」といっても、戦争の現場《げんば》の人たちも、なかなか苦しみから逃《のが》れられるものではないのです。やはり、「自分自身が大勢《おおぜい》の人を殺した」という恐怖《きょうふ》体験は、一生、忘《わす》れられるものではなく、魂にとって、かなり深いものが残ることは事実です。できれば、そういう立場には立ちたくないものです。

宗教は人々の苦しみのことを考える必要がある

イラク戦争において、日本政府《せいふ》は徹底的《てっていてき》にアメリカ支持《しじ》の態度《たいど》をとりました。それは、ほんとうは、イラクの問題ではなく北朝鮮《きたちょうせん》の問題を考えているからでしょう。

北朝鮮が日本にミサイルを撃《う》ってくるようなときに、日本単独《たんどく》で防衛《ぼうえい》しなければならないとなると、日本は、やはり困《こま》るのです。日本は、「アメリカと一体でなければ困る」という立場にあり、そこから逃れることはできないでしょう。

政治には政治の論理があるので、その立場にある人は、みずからが「正しい」と思う選択《せんたく》をしていけば、それでよいと思います。

宗教が現実処理《しょり》の面で非力《ひりき》であることは認《みと》めざるをえませんが、宗教のほうでは、せめて、人々の心の救済、魂の救済ということを考えなければいけません。

生き残った人たちの、そのあとの苦しみや、亡くなった人たちの、そのあとの苦しみのことを考える必要があります。

広島《ひろしま》と長崎《ながさき》では、原爆《げんばく》によって、それぞれ十万人前後の人が亡くなり、その遺《い》族《ぞく》は、のちのちまで苦しみました。湾岸戦争のときに、イラクのバスラ郊外《こうがい》で死んだ多数の兵士たちにも家族はあったでしょうから、そういう人たちも、何十年も苦しむことになるでしょう。また、アメリカの世界貿易《ぼうえき》センタービルで亡くなった人の家族にも、悩みや苦しみはずいぶんあるでしょう。

それぞれの人が、みな、悩んだり苦しんだりしながら、また新しいカルマをつくりつつ生きていて、それぞれの人生修行《しゅぎょう》が、幾層《いくそう》にも錯綜《さくそう》しながら進んでいくわけです。

5　泥中《でいちゅう》に咲《さ》く蓮華《れんげ》の花のように

どのような環境《かんきょう》にあっても一輪《いちりん》の花を咲かせる

この世というものは、なかなか、人々の思うようにならないものですし、善《ぜん》を目指《めざ》しているものであっても、結果的《けっかてき》に、全体をまとめることはできないこともあります。

戦争をなくすために、選挙《せんきょ》という制度《せいど》も編《あ》み出されましたが、選挙で決められないものも、どうしても出てきます。選挙や、会議による合議などでは決められないものが出てきて、どうしても衝突《しょうとつ》は起きてくることがあります。それもまた世の常《つね》ではあるでしょう。

このように、この世のなかを見渡《みわた》してみると、不幸の種《たね》はあちこちにたくさんあるので、「これを取り除《のぞ》かないかぎり、幸福になれない」という考え方をし、不幸の種を完全に取り除いて極楽浄土《ごくらくじょうど》の姿をこの世に下ろそうとしても、それは極《きわ》めて極めて難《むずか》しいことです。

しかしながら、「この世という世界は、そういうものである。この世には、闘《とう》争《そう》や破《は》壊《かい》、憎《にく》しみ、嫉妬《しっと》、恨《うら》み、怒《いか》り、狂気《きょうき》の世界がたくさんある。また、この世は弱肉強食《じゃくにくきょうしょく》の世界でもある。この世は、生きていくのがなかなか難しい世界なのだ」ということを認《みと》めつつも、それはそれとして、逆《ぎゃく》に、そのなかで、この世に自分たちが生まれた意義《いぎ》、生きている意味を見いだすことが、非常《ひじょう》に大事なことなのです。

仏法《ぶっぽう》では、これを「泥中《でいちゅう》の蓮華《れんげ》の花」にたとえています。

蓮華の花が咲《さ》いている沼《ぬま》や池を見たことのある人も多いと思いますが、そこは、どこも泥沼《どろぬま》や泥池《どろいけ》です。咲いている蓮《はす》の茎《くき》の下にあるのは、白い砂利《じゃり》を敷《し》き詰《つ》めてある、澄《す》みきった、きれいな池などではありません。下は泥です。泥んこです。この泥は、どう扱《あつか》っても、誰《だれ》もが「汚《きたな》い」と言います。不潔《ふけつ》で臭《くさ》いものです。

こんななかからスッと茎を伸《の》ばして水面《すいめん》に咲いた蓮の花には、白い花や赤い花など、いろいろな種類がありますが、この一輪《いちりん》咲いた花を見れば、まるで天国か極楽浄土のようにも見えます。そんな花が咲きます。

昔《むかし》から、蓮の花は、そういう泥沼や、物がたくさん捨《す》てられる、ごみためのような所などに咲くのですが、そんな汚い所から清《きよ》らかな花が咲いてくるということに仏教者は憧《あこが》れて生きたのです。

『法華経《ほけきょう》』は正式には『妙法蓮華経《みょうほうれんげきょう》』といいますが、これは正法《しょうぼう》を蓮の花にたとえているわけです。

まず言えることは、「この世というのは、苦しみの世界なのだ。ある意味での阿鼻叫喚《あびきょうかん》の世界でもあるのだ。人々は、それほど苦しんでいる。求《もと》めても手に入らないものに苦しんでいる。それだけではなく、積極的《せっきょくてき》に自分を害《がい》したり苦しめたりしている人もたくさんいる」ということです。

どんなに清く生きていても、不幸が襲《おそ》ってくることはあります。

たとえば、交通事故《じこ》で伴侶《はんりょ》を亡《な》くすということもあります。子供《こども》であれば、「一生懸命《いっしょうけんめい》、勉強しよう」と思っていたのに、両親が離婚《りこん》してしまうということもあります。

いまの子供たちのなかには、両親が離婚したり、親が交通事故で死んだり、親の事業が倒産《とうさん》したりして、その影響《えいきょう》を受け、心にひずみをつくり、非行《ひこう》に走ったり不良になったりする人もたくさんいます。

そういう人には、そうなる原因《げんいん》が充分《じゅうぶん》にあるのは分かります。

ただ、「いつの時代にも、そういう不幸はあったのだ」ということを忘《わす》れてはいけないし、「この世というのは、それ自体で永遠《えいえん》に続くような、美しい世界ではないのだ」ということも知らなければいけません。「たとえ幸福な事態《じたい》があっても、それは壊《こわ》れやすいものなのだ」ということも知らなければいけないのです。霊的《れいてき》な目、ほんとうの意味での天人《てんにん》・天女《てんにょ》の目、菩薩《ぼさつ》や天使の目から見れば、しょせん、この世の世界は、泥の池のような世界ではあるのです。

大切なのは、「そのなかで、あなたは、いかにして一輪の花を咲かせるか。いかにして、蓮《はす》の花のような清らかな花を咲かせるか」ということです。どのようなところにあっても、花を咲かせることは可能《かのう》なはずです。

超一流《ちょういちりゅう》会社にいて、そこで花を咲かせる人もいますが、中級の会社、あるいは弱小の会社のなかで、努力して見事《みごと》な花を咲かせる人もいます。

学校についても同じです。よい学校もあれば、〝底辺校《ていへんこう》〟と言われる学校もありますが、その底辺校と言われる学校のなかで、立派《りっぱ》に学び、育ち、花を咲かせる人たちもいるのです。

家庭のなかでも不幸はあります。家族に病人が出る場合もあれば、家族の誰《だれ》かが事故に遭《あ》って障害《しょうがい》を負《お》う場合もあります。きょうだいの誰かが病気や事故で夭《よう》折《せつ》する（若くして死ぬ）場合もあります。両親のどちらかが亡くなる場合もあれば、両方とも亡くなる場合もあります。ほかにも、借金を背負《せお》って一家《いっか》で夜逃《よに》げをするなど、不幸なことはたくさんあるでしょう。

ただ、「どのような環境《かんきょう》のなかにあっても、泥沼のなかから咲く蓮《はす》の花のように、一輪の花を咲かそう。清らかに生きていこう。すがすがしく生きていこう」と決意して生きていけば、それなりの花を咲かせることは可能です。その花の大きさは、さまざまでしょうが、小さい花でもかまわないのです。

どうか、「泥沼のなかから蓮華《れんげ》の花は咲くのだ」ということを理解《りかい》していただきたいのです。

もし私の言っていることが分からなければ、蓮の花の咲いている池を、一度、ご覧《らん》になるとよいでしょう。汚い泥のなかから、この世のものとは思えないような花が、スーッと伸びて咲いています。

仏陀《ぶつだ》が目指《めざ》した悟《さと》りの道

仏陀《ぶつだ》が目指《めざ》した悟《さと》りの道も、そういうものであったのです。

「この世のなかは、すべてを浄化《じょうか》して、きれいにすることはできない。しかし、そのなかにおいても、泥のなかから蓮の花が咲くように、あなたがたも一輪の花を咲かせなさい。それが、あなたがたの環境のなかにおける悟りなのだ。

その環境自体を変えることはできない。あなたがたが味わった、過去《かこ》の不幸それ自体を、全部、帳消《ちょうけ》しにすることはできない。

しかし、不幸な環境に生まれたとしても、同じような環境のなかにある人が、全員、不幸のどん底《ぞこ》まで行かなければならないというわけではないであろう。その環境のなかで、あなたがたは、心を磨《みが》き、自分の道を求めて、一輪の花を咲かせることはできるのではないか。それは、どの人にも可能なはずである」

仏陀は、そういうことを説《と》いていたわけです。

その意味での悟りはありえます。「自分の境遇《きょうぐう》、境涯《きょうがい》、環境のなかにおいて、一輪の花を咲かせる」という悟りはありうるのです。

その意味では、「すべての人に仏性《ぶっしょう》があり、仏陀になる可能性がある」という考えは正しいのです。誰もが、「世界を救《すく》う法を説ける」という意味での仏陀になれるわけではありませんが、自分の環境のなかで、泥沼のなかで、一輪の花を咲かせることは可能です。そういう道を忘れてはいけません。

そして、あまり欲《よく》を持ってはいけません。この世においての大欲《たいよく》を持ちすぎてはいけないのです。足《た》ることを知って、「どのような環境のなかにおいても、逆《ぎゃっ》境《きょう》のなかにおいても、自分なりの一輪の花を咲かせる」というところに幸福の道を見いだすことです。

客観的《きゃっかんてき》な条件《じょうけん》が全部揃《そろ》えば幸福かというと、そんなことはないのです。人もうらやむ環境に生まれ、すべての条件を満たしているような人のなかにも、心は虚《むな》しく暗い人はたくさんいます。

一方、ささやかな環境のなかにあっても、光り輝《かがや》いている人はたくさんいます。仏教的には、その輝きを目指し、それを得《え》ることが大事なのです。

すなわち、「周《まわ》りの環境、あるいは、自分自身のいままでの生き方や、いまの心を見れば、それは泥沼かもしれない。しかし、あなたがたは、そこから、ささやかでもよいから、悟りの花を開《ひら》かせなさい」ということです。

どうか、この世的な結果主義者《しゅぎしゃ》に終わらないように、「この世的なことがよければ、すべてよい」という考えにならないようにしてください。

「どのような環境下においても、自分なりの一輪の花を咲かせる」ということが、「人生は一冊《いっさつ》の問題集である」という言葉に対する答えでもあるのです。それを望《のぞ》んでいただきたいと思います。

第2章

死後の世界について

1　死後の世界を信じられない人たち

宗教心《しゅうきょうしん》に関する質問《しつもん》は訊《き》き方で答えが違《ちが》う

幸福《こうふく》の科学《かがく》は宗教団体《しゅうきょうだんたい》として大きくなっているので、私は、死後の世界の存在《そんざい》を当然の前提《ぜんてい》として説法《せっぽう》をすることがよくあります。しかし、世間一般《せけんいっぱん》の人々のなかには、死後の世界の存在を当然のこととは思っていない人も、まだまだ数多くいます。

そこで、本章では、「死後の世界は、ほんとうにあるのだろうか。疑問《ぎもん》だ。信じられない」という人たちや、仏法真理《ぶっぽうしんり》の入り口あたりにいる人たちにも分かるような話をしたいと思います。

日本では、アンケート調査《ちょうさ》などで、「宗教心《しゅうきょうしん》はありますか」というような質問《しつもん》をされると、半分以上の人が「ある」と答えます。ただ、質問の仕方が肯定的《こうていてき》であるか否定的《ひていてき》であるかで答えが違《ちが》ってきます。

あの世があると思うかどうかを問う質問でも、訊《き》き方の違いによって、「あると思う」と答える人が、五割《わり》ぐらいになったり、二、三割になったりします。「信仰心《しんこうしん》はありますか」という訊き方をすると、「はい」という答えのパーセンテージ（割合）が下がりますが、「お墓参《はかまい》りなどをしたい気持ちになりますか」という訊き方をすると、そのパーセンテージは上がります。

「漠然《ばくぜん》としていて、あまりはっきりとは分からないけれども、本能的《ほんのうてき》に信じている」という部分と、「頭で学んだ知識《ちしき》では理解《りかい》できない」という部分とがあって、多くの日本人は、気持ちの整理が充分《じゅうぶん》にできていないのではないでしょうか。

「日本に比《くら》べると信仰者が多い」と言われているキリスト教国ではどうかとい

うと、九十五パーセントぐらいの人は、どこかの教会に登録《とうろく》していて、信仰のかたちはあるのですが、ほんとうに熱心な人は五パーセントぐらいしかいません。何らかのかたちで、「天国や地獄《じごく》、あの世があるらしい」と思っている人は、六、七割というところでしょう。

日本では、特《とく》に戦後教育の影響《えいきょう》によって、少なくとも、表面的に質問される範囲《はんい》では、死後の世界について否定的な回答をする人が多いようです。これは戦後の科学教育の問題でもあるのかもしれません。

物差しで測《はか》れないものは信じない唯物論者《ゆいぶつろんしゃ》

現代《げんだい》の科学は、主《しゅ》として、ここ二百年ぐらいのあいだに発達したものです。しかし、宗教は、現代に遺《のこ》っているものだけでも数千年以上の歴史があります。科学が発達する以前からあるものを、あとから出たものである科学によって測《はか》るのは、なかなか難《むずか》しいものがあります。

死後の世界、霊界《れいかい》の話を信じない、科学的思考の人、科学者や唯物論者《ゆいぶつろんしゃ》などと話をすると、彼《かれ》らは、まるで、三十センチの物差しを持ち、「この物差しで測れるものでなければ信じない」と言っているような感じなのです。

たとえば、大空の広さを物差しで測れるでしょうか。厳密《げんみつ》に言えば測れるのかもしれませんが、測れるようでもあり、測れないようでもあり、「ちょっと無理《むり》かな」という虚《むな》しい感じがします。また、地球の外周《がいしゅう》を物差しで測れるかというと、原理的には可能《かのう》でしょうが、そんなことを実際《じっさい》にする人はいません。やはり無理があります。

科学的思考の立場から「死後の世界は信じられない」と言う人は、ちょうど、そんな感じであり、何とも名状《めいじょう》し難《がた》い虚しさがあります。

あるいは、そういう人は、「いつも陸地を両足で歩いているから、海の向こうにあるものの存在についても、そこまで歩いていけなければ、信じられない」と言っている感じに近いでしょう。

たとえば、「日本から海の上を南に下《くだ》っていくと、オーストラリアという大陸があります」と言われて、「海を歩いて渡《わた》っていけなければ、信じられない」と言っている感じに近いのです。

『聖書《せいしょ》』には、「イエス・キリストが湖の上を歩いた」という記述《きじゅつ》があります。しかし、いくらイエスであっても、日本からオーストラリアまで歩いていくことはないでしょう。オーストラリアまで行くのであれば、やはり、「『歩いていく』」などと言わずに、船か飛行機に乗ってください」と言いたくなります。

船に乗って海の上を行く行為《こうい》、飛行機に乗って空を飛んでいく行為に当たるものが、実《じつ》は、信仰といわれるものなのです。

初めて船に乗る人は、「この船に乗ればオーストラリアに着きますよ」と言われても、なかなか信じられないかもしれません。いくら、写真でオーストラリアの景色《けしき》をいろいろと見せられたり、地図を見せられたりして、「船の速度は××ノットだから、これだけの時間があれば着きます」と言われても、「ほんとうに着くのかな」と疑問に感じるかもしれません。

ほんの数百年前までの世界観《せかいかん》は、「世界の果《は》ては絶壁《ぜっぺき》になっていて、巨大《きょだい》な滝《たき》のように海水が下に落ちており、あとは何もない」というものでした。そういう世界観を持っている人は、「船に乗れば、ほんとうにオーストラリアに着くのだろうか」と疑問に思うでしょう。

「飛行機に乗って、数時間、飛べば、着きますよ」と言われても、初めて飛行機に乗る人にとっては、あのような金属《きんぞく》の乗り物に乗って飛んでいくことは、ほとんど〝信仰〟の世界でしょう。

「飛行機に乗っていけば海外へ行ける」ということを信じられない人は、「そもそも金属が空を飛ぶのか」という疑問から始まって、「実際に飛んでいるではないか」と言われても、「いや、あれは金属ではないかもしれない」と言い、「飛んでいる姿《すがた》がテレビに映《うつ》っているではないか」と言われても、「あれは、つくりものかもしれない」と言い、「実際に飛行機で海外へ行って帰ってきた人がいるではないか」と言われても、「それは嘘《うそ》かもしれない」と言うわけです。

そのように、どこまでも疑《うたが》ってかかると、「『飛行機に乗っていけば海外へ行ける』ということは、嘘かもしれない」という感じがするでしょう。

実際に、まだ飛行機に乗ったことのない人は、よく、「飛行機に乗るのは怖《こわ》い。あんなものが空を飛ぶとは、どうしても信じられない」と言います。

「私は、歩いていける所でなければ、その存在を信じられない」と言う人に対しては、「海の上を歩いて渡ることはできないし、困《こま》ったな」ということになり、そこで話が途切《とぎ》れてしまいます。

「何度も繰《く》り返してできるものでなければ真実とは思えない」「万人《ばんにん》がやって同じ結果《けっか》が出るものでなければ信じられない」などと言って、それを科学的な態度《たいど》、実証的《じっしょうてき》な研究態度であると思っている人は、ちょうど、「物差しで測れないものは信じられない」「この足で歩ける所でなければ信じられない」などと言っているような感じなのです。

そういう人は、説得《せっとく》されないことに喜びを感じているようなところがあるので、彼らを説得するのは、かなり難しい面があります。

宗教について触《ふ》れない学校教育

「死後の生命《せいめい》がある」ということ自体が、なかなか信じられない人や、そういうものを信じないように人々を扇動《せんどう》している人から見れば、宗教の世界は、おそらく、遠い〝昔話《むかしばなし》〟に見え、『日本霊異記《にほんりょういき》』のような、おどろおどろしい世界、平安《へいあん》時代の怨霊《おんりょう》の世界に見えるでしょう。

あるいは、宗教は、縄文《じょうもん》時代や弥生《やよい》時代のような古い時代の人間の思想に見えるのかもしれません。宗教の祖師《そし》たちも、そうした古い時代、日本で言うと、だいたい縄文時代から弥生時代のころの人が多いので、その程度《ていど》に見えるのでしょう。火をおこしたり土器《どき》をつくったりできる科学技術《ぎじゅつ》と、ちょうど同じぐらいのレベルのものとして、宗教の祖師たちの霊界観を捉《とら》えているわけです。そのため、「現代人から見ると、なかなか理解し難《がた》いものだ」と考えているのです。

そういう人が、どちらかといえば多数であると思います。その理由は、「宗教について、学校教育で、一切《いっさい》、触《ふ》れていない」ということにあります。

宗教について、学校教育では、中学までの義務《ぎむ》教育でも触れませんし、高校でも大学でも、まったくと言ってよいほど触れません。

大学の一部では触れることもありますが、宗教学においても、むしろ信じない方向へ行くことが多いのです。「研究の対象《たいしょう》とする以上は、信仰は立てずに、できるだけ、論理的《ろんりてき》、客観的《きゃっかんてき》にやろう。感情《かんじょう》を交《まじ》えずに分析的《ぶんせきてき》にやろう」という雰《ふん》囲気《いき》が強いわけです。そのように、フィールドワーク風にやろうとしていて、あまり熱心にやると信仰心がなくなっていくような研究の仕方をしています。

インド哲学《てつがく》も、ほとんど唯物論になりかけていて、現代の西洋哲学と〝いい勝負〟になってきているので、ほんとうに情《なさ》けない限《かぎ》りです。

超能力《ちょうのうりょく》などの研究をしているところも一部にありますが、それは、「そこで学んでも、卒業後《そつぎょうご》に就職先《しゅうしょくさき》がない」と思われる、非常《ひじょう》にマイナーなところです。そういうところでしか教えてもらえないのが実情《じつじょう》です。

2　信じることは大きな力となる

この世の人生は一種の試験《しけん》である

死後の世界について、「知らない」「信じられない」と言う人の考えは、「もし、ほんとうに、そのような世界があり、仏《ほとけ》や神がいるのならば、それをこの世の人間に分かるようにしていなければ、不親切ではないか。そういう存在《そんざい》があるのなら、もっと人間に分かるようにしているはずである。人間に分かるようなかたちになっていない以上、そういうものは存在しないのだ。実験《じっけん》して確《たし》かめることもできないのでは、信じるに値《あたい》しない」ということだと思います。

しかし、誰《だれ》もが分かるようになっていないことには理由があるのです。その理由とは、「この世の世界そのもの、数十年の人生そのものが、ある意味で、一種の試験《しけん》である」ということです。

人間は、本来の世界である霊的《れいてき》世界から生まれてきて、肉体に宿り、物質《ぶっしつ》世界のなかで生きています。そして、「この物質世界のなかで生きながら、どれだけ、霊的な人生観《じんせいかん》を手に入れることができるか。かつて仏神《ぶっしん》から学んだ教えを、どれだけ、実体験《じったいけん》し、実践《じっせん》できるか」ということを、ある意味で試《ため》されています。人間は、人生において、さまざまな経験《けいけん》を積《つ》んでいきますが、それは試験でもあるのです。

その試験が終わったとき、人生が終わったときには、霊的世界のことが分かるようになっています。試験が終わると、人生の総復習《そうふくしゅう》が行《おこな》われて、「あなたの今回の人生は、こうでした」ということが明らかにされます。それまでの何十年かのあいだは蓋《ふた》をされているのです。

結局、「霊界《れいかい》がほんとうにあるならば、仏や神がほんとうにいるならば、人間に分かるようになっていなければ不親切だ」と主張《しゅちょう》することは、試験問題を配られて、それを解《と》くときに、「答えが印刷《いんさつ》されていないではないか」と文句《もんく》を言うことと同じなのです。あるいは、「試験監督《かんとく》が何も教えてくれないのは、けしからん。冷たいではないか」「教科書を持《も》ち込《こ》み可《か》にしろ」「答えを教えろ」などと言う感じに近いのです。

それに対する答えは、「一時間なり二時間なりの時間をかけて問題を解くのが、あなたの仕事です。試験が終わったあとには採点《さいてん》して返しますが、いまは答えを教えられません」ということになるわけです。

ただ、ときどき、親切な人がいて、ヒントを与《あた》えてくれることはあります。幸福の科学の経典《きょうてん》などがあることは、いわば「辞書《じしょ》持ち込み可」に当たるかもしれません。「答えは教えられませんが、辞書は持ち込んでも結構《けっこう》です。自分で辞書を引いて調べるぐらいは、かまいません」ということです。

人生は一種の試験なので、答えを、全部、教えるわけにはいかないのです。しかし、ヒントは、人生の途中《とちゅう》で、たくさん与えられるようになっています。さまざまな気づきの機会が用意されているのです。

信じることで新しい世界観《せかいかん》を獲得《かくとく》できる

この世の人生では、「いろいろな可能性《かのうせい》があるなかで、あなたは何をつかみ取りますか。今世《こんぜ》の自分の考え、思想として、人生の結論《けつろん》として、何をつかみ取りますか」ということが問われます。そして、死んだときに、それが満点であるか、合格点《ごうかくてん》であるか、落第点《らくだいてん》であるかが分かることになっています。

その段階《だんかい》で、この世での成功《せいこう》や失敗《しっぱい》、「偉《えら》い」「偉くない」などの、この世的な価値観《かちかん》が引っ繰《く》り返るようなことが、たくさん起きてくるのです。

地上において、いくら、霊界の存在に疑問《ぎもん》を持つ人や、宗教《しゅうきょう》に対して不信感を持ったり、宗教を迫害《はくがい》したりする人がいても、霊界側《がわ》が泰然自若《たいぜんじじゃく》としているのは、人間は、みな、やがて死ぬからです。

「信じられない」と言って騒《さわ》いでいても、それは、ほんの数年か数十年だけのことであり、死んだときに、すべてが明らかになります。人間はやがて必《かなら》ず死ぬので、最後は問答無用《もんどうむよう》で霊的世界を体験しなければいけなくなるのです。

「試験問題が難《むずか》しくて解けない」と言われても、霊界側は、「試験終了《しゅうりょう》のチャイムが鳴るまでは、しかたがない」と思って見ています。

地上の人のなかには、問題をすらすら解いている人に対して、「おまえは、けしからん。ずるいことをしているのではないか」などと言う人もいます。しかし、その問題は、各人《かくじん》が自分で解かなければいけないことになっているのです。

「そういうことを、理解《りかい》できるか、できないか。信じられるか、信じられないか」ということは、リトマス試験紙の検査《けんさ》のように、「あなたは、どういう人間であるか」ということを示《しめ》しています。

「あの世の世界を知る」ということは一つの大きな力ですが、知るだけでなく、信じることができたならば、それはもっと大きな力になります。

「信じる」という行為《こうい》は、外国へ行くために船に乗ったり飛行機に乗ったりすることに当たります。リスクはありますが、それによって大きな旅ができます。未知《みち》なる大陸、未知なる世界に旅をし、新しい世界観《せかいかん》を獲得《かくとく》することができるのです。信じることができない場合には、自分の歩ける範囲《はんい》以外の世界を見たり体験したりすることはできなくなります。

3 臨死体験《りんしたいけん》が示《しめ》すもの

数多く報告《ほうこく》されている臨死体験

医学の世界においては、ここ二、三十年のあいだに、臨死体験《りんしたいけん》というものについて、いろいろな発表がなされていて、現在《げんざい》では、末期医療《まっきいりょう》も含《ふく》めて、臨死体験が研究テーマの一つになっています。臨死体験を真《ま》っ向《こう》から否定《ひてい》する人は減《へ》ってきており、「多少は、そういうものもあるのかな」と思われて、半信半疑《はんしんはんぎ》ながらも、研究の対象《たいしょう》にはなってきているのです。ただ、まだ宗教《しゅうきょう》とリンクするところまでは行《い》っていません。

医者が研究した結果《けっか》、「交通事故《じこ》に遭《あ》ったり、心臓発作《しんぞうはっさ》や脳《のう》の病気などで倒《たお》れたりした人が、意識《いしき》を失《うしな》い、心臓が停止《ていし》した状態《じょうたい》のときに、魂《たましい》の体外離脱《たいがいりだつ》、幽《ゆう》体《たい》離脱の経験《けいけん》をする」という報告《ほうこく》が、何千、何万と出ています。

臨死体験のケースはいろいろですが、たいていは、心臓停止のあとに、幽体が頭のあたりからスポッと抜《ぬ》けていくことが多いようです。そして、病院の集中治《ち》療室《りょうしつ》などのベッドに寝《ね》ている自分を、二、三メートル上の、天井《てんじょう》のあたりから見ていることが多いのです。

幽体が抜け出しているあいだは、痛《いた》みもなく、とても安らいだ状態でいるのに、下のほうでは、医者や看護師《かんごし》、身内《みうち》などが来て、「死んだ」「死んでいない」などと言ったり、手術《しゅじゅつ》をしようとしたりして、大騒《おおさわ》ぎをしています。

ベッドに寝ている自分を見ると、タコ足配線のようにパイプを体にたくさん入れられ、見苦しい格好《かっこう》になっています。そのため、「もうやめてくれ」と言うのですが、そこにいる人たちには聞こえません。

その後《ご》、三十分か一時間、あるいは、それ以上たって息を吹《ふ》き返したときに、自分の見てきた世界について話をするわけです。

そういう体験についての報告は、かなりまとまったものが、いろいろなかたちで出ています。

魂《たましい》の体外離脱《たいがいりだつ》とトンネル現象《げんしょう》

臨死体験のケースは個人《こじん》によって違《ちが》いますが、パターンとしては似《に》たものが多くあります。

たいていの場合は、心臓停止を契機《けいき》として、魂《たましい》が離脱《りだつ》する感覚、何かが体外に出ていく感覚を得《え》るようです。

幸福の科学では、脳死《のうし》の問題について、「心臓が動いているうちは、まだ死んでいない」と述《の》べていますが、心臓停止と魂の体外離脱には密接《みっせつ》な関係があり、心臓停止が「体外に出てもよい」という合図《あいず》になるのです。魂は、心臓が動いているうちは、そう簡単《かんたん》に出ませんが、心臓が止まったあとは、かなり出やすくなります。

頭のあたりから魂が出ていって、ほとんどの場合、最初は体の近くに浮《う》かんでいます。天井付近にいたり、近辺《きんぺん》にいたりします。自分の体を見ようとして、あまり近づくと、スポッと体に戻《もど》ったりすることもよくあります。

体外離脱の際《さい》には、「シルバー・コード」（霊子線《れいしせん》）という、銀線《ぎんせん》のようなものが後頭部《こうとうぶ》から出ていて、魂と体がつながっています。これを見る人も、ときどきいます。よほど冷静な人でないと、つながっているところまでは見えません。体外離脱を何度も経験して、よく観察《かんさつ》している人のなかには、そういうコードでつながっていることを知っている人もいます。

さらには、あの世の人が来て、へその緒《お》を切るように、そのコードを切ろうと

していると ころまで見る人もいて、「切ってはいけない。これを切ったら生き返れなくなるから、切らないでくれ」などと言っていることもあります。「このコードを切られると戻れなくなる」ということが何となく分かっているのでしょう。

そのようにして、病室の上のほうから見ていることが多いのです。

道路などで交通事故に遭い、救急車で搬送《はんそう》されていくときには、救急車のちょうど上あたりを漂《ただよ》いながら、ついていくこともあります。

霊子線がまだつながっている段階《だんかい》では、体から完全に離《はな》れられないので、そういうかたちで、ふわふわと近辺を漂っています。このときには、いろいろな人の話していることや考えていることが、とてもよく分かります。たとえば、病院の隣《となり》の部屋《へや》で看護師たちがヒソヒソと話している会話の内容《ないよう》や、医者の考えていることなどが、よく分かるのです。そのほか、いろいろな光景《こうけい》を見てきたりすることもあります。

そのように、まだ、あまり自覚的ではないかたちで、近くをうろうろしていることが多くあります。

しばらくすると、たいてい、「トンネル現象《げんしょう》」といわれるものが起きます。視《し》野《や》のどこかに、ポツンと黒い点のようなものが見え、「何だろう」と思っていると、それが染《し》みのようにパーッと広がってきて、黒いトンネルのようなものになります。それがグーッと大きくなってきて、「大きくなってきたな」と思うと、そのなかに、スーッと吸《す》い込《こ》まれるように入っていくのです。

こういう現象を経験した人は数多くいます。このトンネル現象は、体外離脱をしてから霊界《れいかい》へ行くまでのあいだにしか経験しないようです。

トンネルに入っていくときに、ゴーッという音や、ブーンという耳障《みみざわ》りな音を聞く人も、けっこういます。トンネルに入る前あたりで、そういう音を聞く人が多いようです。なかには、何も音を聞かず、「最初から静かだった」という人もいます。

トンネルの形は丸い場合が多いのですが、人によっては四角い場合もあるようです。

そして、トンネルのなかを上がっていきます。普通《ふつう》は、飛ぶような感じで上がっていくのですが、幼《おさな》い子供《こども》の場合には、一生懸命《いっしょうけんめい》に「這《は》い這い」をして上がることもあるようです。

トンネルを上がっていくときの感覚はさまざまですが、報告されている表現《ひょうげん》を見ると、ちょうど、宇宙論《うちゅうろん》で言うワームホールに近い感じです。宇宙論では、「時空間《じくうかん》を飛び越《こ》すときに、ワームホールという所をスーッと通っていく」と言われていますが、それとよく似た感じです。

実際《じっさい》に三次元から四次元以降《いこう》の世界に移行《いこう》しているので、それは次元が変わるときの一つの感覚なのでしょう。

地上のトンネルのようなものが実際にあるわけではありません。各人《かくじん》にそれぞれ別《べつ》のトンネルが出てきているので、物理的《ぶつりてき》なトンネルがあるわけではなく、一種のワームホールのような、時空間を超《こ》える隙間《すきま》ができてきて、そこを通って出ていくのです。

トンネルの出口には、たいていの場合、非常《ひじょう》に明るい光が見えます。「白い光で、まぶしくて、目があけられないぐらいだった」と言う人もいれば、「太陽の何百倍も明るいのだけれども、あまりまぶしくなかった」と言う人もいて、いろいろですが、白い光、白光《びゃっこう》を見ることが多いのです。

その段階では、まだ視覚《しかく》がはっきりしていないので、光のなかに、ぼんやりとしか見えないのですが、誰《だれ》かが迎《むか》えに来ます。

臨死体験者のなかには、「神様が迎えに来た」と言う人も多いのですが、神がそんなにたくさんの人のところに行くはずはないので、たいていは、その人の守《しゅ》護霊《ごれい》か、それより少し上の指導霊《しどうれい》クラスの守護天使たちでしょう。そういう「導《みちび》きの天使」が来て、あの世へ導いてくれるわけです。

「三途《さんず》の川《かわ》」を渡《わた》る場合と渡らない場合

「三途《さんず》の川《かわ》」などが出てくるのは、この先です。特《とく》に日本人の場合は三途の川を見ることが多いようです。

導きの天使に導かれて、光のなかをしばらく歩いていくと、お花畑が現《あらわ》れます。それは、菜《な》の花畑《はなばたけ》であったり、コスモス畑であったり、雛菊《ひなぎく》畑であったり、いろいろです。地上でも、公園などで、よく花が咲《さ》き乱《みだ》れていますが、そういうお花畑があることが多いのです。

そして、きれいな川が流れています。この川が生死の境界線《きょうかいせん》であり、川を渡《わた》ってしまった場合には、もう帰ってくることができないと言われています。臨死体験には、川を渡る途中《とちゅう》か、渡る前に引き返したため、この世に戻ってきたという話が多いのです。

この川を渡ったときが霊子線の切れるときなのです。

川を渡るかどうかは、川の向こうからやってきた人たちと、よく相談をして決めることになります。

なかには、魂が離脱してすぐに、自分の亡《な》くなったおじいさんやおばあさんなどが迎えに来る人もいますが、トンネルを抜《ぬ》けて光の世界に出たあとで、自分の亡くなった近親者と会う人も多いのです。

迎えの人は、たいてい、川の向こう側《がわ》からやってきて、向こう岸にいたり、こちら側まで来たりするのですが、彼《かれ》らに、「こちらへ来い、こちらへ来い」と招《まね》かれると、気持ちがあまり安らいでいるので、「もう、このまま、向こうへ行きたいな」と思うことがあります。

そのときに、下界《げかい》のほうで、家族が病院に来ていて、「死なないで、死なないで」と一生懸命に言っている場合があります。

家族が病人にしがみついて、「まだ死んでは駄目《だめ》よ。子供がまだ小さいのよ」などと一生懸命に言っていたりすると、その声が後ろから聞こえてきて、グーッと引き戻されることがあるのです。

しかし、家族が病院に着くのが遅《おく》れたりして、タイミングが悪ければ、そのまま逝《い》ってしまうこともあります。

本人は、それまで、病気でずっと苦しかったり、けがで苦しかったりしたのに、とても心が安らいで、温《あたた》かく、包《つつ》み込まれるような、愛に満ちた感じがして、非常に気持ちがよいので、ほとんどの場合、「ああ、こんなによい世界なら住んでみたい。このまま向こうへ行ったら楽だろうな。もう元の世界に戻りたくない」と思っています。そのため、向こうの世界に招かれているときに、家族が間《ま》に合わなければ、そのままスーッと逝ってしまうのです。

人が死ぬ間際《まぎわ》に、よく家族や親族などが呼《よ》び寄《よ》せられますが、あれは、実《じつ》は「まだ逝《い》くな」と引き止めるためでもあるのです。間に合った場合には、逝かずに戻ってくることがあるわけです。

お通夜《つや》の段階でも、この世に帰ってくる人が、昔《むかし》から、ときどきいます。お通夜の段階では、まだ逝っておらず、霊子線がつながったままで、ふらふらしているので、「まだ、この世に使命《しめい》がある」と強く言われると、戻ってくることがあるのです。

川の向こうから来た親族に、「おまえは、来るのはまだ早い」と言われる場合もあります。亡くなったお父さんやお母さん、おじいさんやおばあさん、きょうだいなどから、「おまえが来るのは、まだ少し早いのではないか。もう少し、地上で頑張《がんば》れ」と言われるのです。本人は、安らいでいるので、「あちらへ行きたいな」と思うのですが、亡くなった身内に、「おまえは、地上での仕事がまだ残っているから、来てはいけない」と言われて戻る場合があるわけです。

あるいは、「こちらへ来い」と招かれて、ついていこうとしたときに、後ろから呼び止められて、振《ふ》り返ると、この世へ戻っているという場合もあります。

また、ちょうど三途の川を渡りかけているときに、この世で、タイミングよく、荒《あら》っぽい医者が来て、その医者に、頬《ほお》をパシパシッと激《はげ》しく叩《たた》かれ、「頑張れ。まだ死んでは駄目だ。帰ってこい」などと言われて、戻ってくることもあります。もう少しで逝く寸前《すんぜん》のときに、タイミングよくバシバシやられて、戻ってくるのです。

この世に戻ってくると、急に体に激しい苦痛《くつう》を感じて、「しまった」という気持ちになります。

そのようなかたちで、あの世へ行かずに帰ってくる人もいます。

この世に帰ってくる人のなかには、「あの世の話を伝える」という使命がある人もいれば、この世での仕事がまだ残っていて、あの世に還《かえ》る時期ではない人もいます。

しかし、どうしても生命《せいめい》を維持《いじ》できず、予定した人生を全《まっと》うできない場合もあります。事故などで体の損傷《そんしょう》があまりにも激しい場合には、戻ろうとしても戻れないことがあるのです。戦争などで近くに爆弾《ばくだん》が落ちたときなどには、戻ってこようにも体がありません。そういうときには戻れないのです。

したがって、戻れる可能性《かのうせい》があるぎりぎりのところで、「帰ってこられるかどうか」という問題があるのですが、三途の川を渡ってしまった場合には、それで終わりです。あの世の人に導かれて、次の世界に入っていくことになります。

4　あの世での導《みちび》きの仕事

宗教別《しゅうきょうべつ》に行《おこな》われる、あの世のガイダンス

あの世での導《みちび》きの仕事は、多くの場合、宗教《しゅうきょう》関係者が行《おこな》っています。

この世において、たいていの人は、神社の氏子《うじこ》だったり、お寺の檀家《だんか》だったり、キリスト教の信者だったり、何かの宗教に所属《しょぞく》していることが多いでしょうが、やはり、どこかの宗教に所属しておいたほうがよいのです。

とりあえず、どこかの宗教に分類されていないと、その人が亡《な》くなったときに、霊界《れいかい》のほうでも、誰《だれ》が世話をしに行ったらよいかが分かりません。その意味では、ある程度《ていど》、宗派等《しゅうはとう》があるのはよいことなのです。そうでないと、誰が世話をする

のかがはっきりせず、あの世で揉《も》めることになります。何らかの宗派に属《ぞく》していると、その宗派の関係者がやってきて、責任《せきにん》を持って世話をしてくれるので、あとが実《じつ》にスムーズに進むのです。

その人がキリスト教の信者であれば、キリスト教関係の天使系《てんしけい》の人が来て、導いてくれます。そして、三途《さんず》の川《かわ》を渡《わた》ったあとの行き先は、当然、教会です。

あの世にも教会があります。死んで間《ま》もない人たちが行く教会があるのです。そこで、導きの天使たち、守護《しゅご》天使たちが、人々を集めて、話をしたり、いろいろと説明をしたり、生前《せいぜん》のことを振《ふ》り返るように教えたりします。

個人指導《こじんしどう》もあります。導きの天使から、「それでは、あなたの人生を勉強し直してみよう」と言われて、自分の人生を思い出したりします。昔《むかし》は、「人生を巻《ま》き戻《もど》して見る」と言われても、意味の分からない人が多かったのですが、現代《げんだい》はビデオがあるので、理解《りかい》がかなり容易《ようい》になりました。

仏教系《ぶっきょうけい》の人であれば、お寺に行くこともあります。あの世には、お寺もありますし、神社もあります。

そのように、各人《かくじん》の属している宗教の施設《しせつ》に集められて、まず、あの世のガイダンスを受けるのです。

あの世で建てている「エル・カンターレ大聖堂《だいせいどう》」

あの世の建物は、この世の建物よりも、とても美しいものです。

キリスト教系の臨死体験者《りんしたいけんしゃ》の報告《ほうこく》には、「水晶《すいしょう》でできた聖堂《せいどう》のようなものがあった」という話がよく出てきています。クリスタル（水晶）の聖堂は、この世ではつくれません。あの世にあるものも、実際《じっさい》は、おそらく光の結晶《けっしょう》なのでしょうが、「水晶でできた聖堂があり、そこへ行った」という報告が幾《いく》つも出ています。

キリスト教系では、そのようにしているのでしょう。

キリスト教系が水晶なら、仏教系も負けていられないので、金《きん》でお寺の屋根を葺《ふ》くなど、いろいろなことをして、この世よりも美しいところを見せています。

幸福の科学は、この世において各地《かくち》に精舎《しょうじゃ》を建てていますが、いま、あの世でも聖堂を建てています。全国に多数の信者がいるので、毎年《まいとし》、多くの人が亡くなっていくでしょう。彼《かれ》らがあの世へ還《かえ》ったときに行き場がないと困《こま》るため、あの世で「エル・カンターレ大聖堂」を建てているのです。

これは、きちんとした、立派《りっぱ》なものです。入り口の階段《かいだん》は大理石《だいりせき》で、建物のなかは、透明感《とうめいかん》のある宝石《ほうせき》や水晶などでできています。コンクリート製《せい》ではありません。本尊《ほんぞん》は金とダイヤモンドでできています。上部のドームは透《す》き通っていて、なかに光が入ってくるようになっています。そのような、きれいなものを建てています。

ただ、地方別に、それぞれの霊界があり、三途の川にも、その地方ごとのローカルな川があって、それを各人がそれぞれ渡っているので、その後《ご》、全員を一カ所に集めるのは、なかなか大変です。

そのため、ある程度の数の信者がいる地域《ちいき》については、その各地域の霊界にも聖堂を建てていかなければ間《ま》に合わないだろうと思います。死んだばかりの人が何百キロも何千キロも移動《いどう》して集まるのは大変です。死んですぐに霊界のことがスッと分かれば大したものですが、普通《ふつう》は右も左も分からないことが多いのです。

現在《げんざい》、当会は地上の各地に精舎を建てていますが、しばらくすると、霊界でも各地に建つようになります。地上のものよりも美しく輝《かがや》いているものが建つ予定です。そういうものを建てないと、幸福の科学の信者が、あの世に還って、「まず、どこへ行けばよいか」と考えたときに、「お寺は違《ちが》う。ストレートに十字架《じゅうじか》というわけでもないので、教会も違う。神社の鳥居《とりい》も違う」と考えて戸惑《とまど》います。

当会への信仰《しんこう》が立っている人は、他《た》の宗教のものでは納得《なっとく》しないので、どこかにROマーク（幸福の科学のシンボルマーク）を張《は》るなり、「『仏説《ぶっせつ》・正心法語《しょうしんほうご》』（幸福の科学の根本経典《こんぽんきょうてん》）を読誦《どくじゅ》します」という立《た》て看板《かんばん》を出すなりする必要があるのです。

知名度《ちめいど》が低いと救済力《きゅうさいりょく》は落ちる

当会の講師《こうし》や、熱心に伝道をしている信者たちは、死んであの世に還《かえ》ると、そういう導きの仕事が始まります。

もちろん、最初は、あの世の勉強をしなければいけませんが、一定の勉強をしたあとは、「地上を去って、あの世に来る人たち、霊界のことがまったく分からない人たちに対して、霊界のガイダンスを行う」という仕事をするのです。

いわゆる「導きの天使」をしたり、あの世の教会や神社仏閣《ぶっかく》等で、地上から来た人たちを集めて説法《せっぽう》をしたり、個人別のコンサルティングを行って、「その人の人生のどこに問題があったか。今後の生き方をどうするか」ということについて教えたりする仕事をします。

幸福の科学の信者の大多数は、そういう仕事を実際に経験《けいけん》することでしょう。その仕事をせずに菩薩《ぼさつ》になるということはありません。菩薩になるためには、それだけの経験を積《つ》まなければいけないことになっているのです。

当会の講師や信者たちが、もし、その仕事をしなければ、私は、あの世に還ってからも、忙《いそが》しくてしかたがなくなります。

臨死体験者の記録を読むと、キリスト教系の人の場合には、「イエスが出てきた」ということが、よく書かれています。しかし、それが実際にイエス本人であるかどうかは分かりません。クリスチャンの人数から見て、一日当たりに死ぬクリスチャンは、おそらく万単位になるでしょうから、その人たち全員のところにイエスが出ていたら、大変なことになります。

したがって、イエスの格好《かっこう》をした弟子筋《でしすじ》の人が導きに行っているのは、まず間《ま》違《ちが》いないでしょう。イエスの姿《すがた》をまねて、髪《かみ》は少し赤毛《あかげ》が入った金髪《きんぱつ》にし、体型《たいけい》は少しやせ気味にして、サンダルを履《は》き、白い服を着て、「これならイエス・キリストに見えるかな」などと言いながら、弟子たちも頑張《がんば》っているのです。

キリスト教系の「光の天使」が亡くなったときには、イエス本人が行くこともあるでしょうが、クリスチャンが交通事故《じこ》などで死ぬたびに飛んでいくのでは、イエスは忙しすぎます。それでは、何も考える暇《ひま》がなく、肉体労働者のようになってしまいます。

大事な人が死んだときなど、一日に何件《なんけん》かはイエス本人が行く場合もあるかもしれませんが、イエスも、いろいろと勉強もしなければいけないし、ほかの仕事もあるので、普通は弟子たちが行《い》っているのです。イエスの弟子筋の天使や天使の予備軍《よびぐん》が、法衣《ほうい》をまとって行っているに違《ちが》いないのです。

そのため、キリスト教系の臨死体験者のなかには、あの世で、自分の肉親などと会ったあとに、イエス・キリストを見る人が多いのです。さらには、「神を見た」と言う人までいます。まぶしくて、よく分からないので、そのように思う場合が多いのでしょう。

キリスト教の二千年の歴史のなかで、聖人《せいじん》など、名のある人は何百人もいますが、そういう人が「私は○○である」と名乗っても、相手がその名を知らないこともあります。そういう場合には、イエスなら有名なので、「自分をイエス・キリストだと思ってくれてもよい」ということで、それらしく振《ふ》る舞《ま》うことも多くあります。

キリスト教には、いろいろな守護天使たちがいますが、名前を名乗って、相手から「知らない」と言われたら、がっかりします。そのときのショックが大きいので、イエス本人か七大天使ぐらいでなければ、なかなか名乗ることはできないようです。

その意味で、「知名度《ちめいど》を上げる」ということも大事なのです。導きに行って、「そんな人は知らない」と言われると、救《すく》いが困難《こんなん》になるので、知名度は救済力《きゅうさいりょく》とかなり関係があるのです。

マザー・テレサやシュヴァイツァーといった有名人でも、その名を知らない人はいます。「私があのマザー・テレサよ」と名乗って、「知らない」と言われたら、やはり救済力はありません。「シュヴァイツァーなんて知らない」と言われたら、それで終わりです。その場合には、相手が知っている人にバトンタッチするしかないのです。

「PRというものは宗教から始まった」とも言われていますが、PRは大事なことなのです。大川隆法《おおかわりゅうほう》という名前を知ってもらうことも、幸福の科学の名前を知ってもらうことも大事です。あの世で、救済に行って、「幸福の科学って何ですか」と言われると、かなり救済力は落ちます。

名前を知ってもらうことは非常《ひじょう》に大事です。さらに、教えを信じてもらうことが大事です。そうすれば、死後の導きの流れは実にスムーズになります。

宗教に縁《えん》があることの大切さ

たとえ「とりあえず」というかたちであったとしても、何かの宗教、宗派に縁《えん》があったほうがよく、それがないと厳《きび》しいのです。

もちろん、死後には、お父さんやお母さん、親類縁者《えんじゃ》が来てくれることが多いのですが、必《かなら》ず来てくれるとは限《かぎ》りません。自分も修行中《しゅぎょうちゅう》であるために出てこられない人もいます。そういう場合には、少し救いが遠のいてしまい、苦労することがあるので、やはり、何かの宗教に縁があったほうがよいのです。

自分自身は信仰を持っていなくても、友達《ともだち》や身近《みぢか》な人のなかに信仰を持っている人がいれば、ありがたいことに、それでも縁ができます。

信仰心のある人は、友達が死んだときには、死後のことを心配して、一生懸命《いっしょうけんめい》に弔《とむら》ったり、「成仏《じょうぶつ》するように」と冥福《めいふく》を祈《いの》ったりします。そうすると、死んだ人は、その信仰心のある友達の守護霊《しゅごれい》や、その宗教の指導霊団《しどうれいだん》とつながりができ、「あの人の友達だから、導きに行かなければならない」ということで、手配をしてもらえるのです。それで、あの世での行き場所が決まります。

あの世へ行ったときに、全然、案内人《あんないにん》がつかないというのは厳しいものです。

死後、魂《たましい》は体から離《はな》れ、トンネルを抜《ぬ》けて光の世界に入り、お花畑を通って三途の川に出ます。日本では川の場合が多いのですが、湖の場合もありますし、スイスのほうでは、山の峠《とうげ》を越《こ》えることが三途の川を渡る代わりになっていることもあります。そのように、いろいろな場面が出てくるのですが、そのときに何らかの導きは必要なのです。

そのために、宗教者たちは、この世において真理の伝道をし、この世で伝道し損《そこ》ねた場合には、あの世へ行ってから、また導きの仕事をしています。そのことを知っていただきたいのです。

あの世では、導きの仕事をするために、数多くの人がいます。その実態《じったい》を見れば見るほど、「人間は一人ひとりが非常に大事にされているのだな」と思います。

地上には六十億以上の人がいて、毎日、誰かが事故で死んだり病気で死んだりしますが、そのことがきちんと霊界に伝わっていて、その人の関係者が来てくれるのです。ありがたいことに、友達や親類縁者も来てくれますし、さらには、宗教系統《けいとう》のお手伝いの人たちまで来てくれます。ある人の死を、あの世の多くの人たちが知っているのです。これを見ると、「一人ひとりが非常に大事にされている」と感じます。そのための仕事をする人が数多くいるはずです。

5　自分の人生の回顧《かいこ》と反省

第三者の目で自分の姿《すがた》が見える

死んだときに、フラッシュバックのようにして、自分の人生の回顧《かいこ》が始まります。これには、人によって、いろいろなかたちがあります。「照魔《しょうま》の鏡《かがみ》」に映《うつ》るかたちで見る場合もあれば、映画《えいが》のスクリーンのようなかたちで見る場合もありますし、回想のような感じで、パッパッパッパッといろいろな場面が見えてくることもあります。

臨死体験《りんしたいけん》の報告《ほうこく》を見ると、不思議《ふしぎ》なことに、どの人も共通して、「あの世へ行くと、時間というものがない」と言っています。時間は地球の自転を縁《えん》として生《しょう》じているものであって、あの世には時間の観念《かんねん》がないのです。どの人も、「あの世へ行くと、時間も空間もなくなった感じになる」と言っていますが、そのとおりなのです。

自分の過去《かこ》を思い出すときにも、数十年の人生を、全部、一瞬《いっしゅん》で思い出すので、「こんなことがありうるのだろうか」と思います。普通《ふつう》に考えれば、数十年の人生を思い返すのには、ダイジェスト版《ばん》にしても数年ぐらいはかかりそうな気がします。ところが、一瞬のうちに、子供《こども》時代からのさまざまな出来事《できごと》を、全部、ザーッと思い出すのです。

自分がけんかをしたときのことや、何かがうまくいったときのこと、親きょうだいや子供との関係、友達《ともだち》との関係、学校や就職《しゅうしょく》のことなど、よいことも悪いことも、全部、思い出すと言われています。

そのときには、自分の視点《してん》だけから人生を見るのではありません。おもしろいことに、第三者の立場から見た光景《こうけい》が見えるのです。たとえば、あなたが子供時代にけんかをしたとすると、相手とあなたがけんかをしているシーンが、第三者の目で見るように見えるのです。

したがって、これは自分の目で見たことの記憶《きおく》ではありません。その情報《じょうほう》はどこから来ているかというと、実《じつ》は守護霊《しゅごれい》によるものなのです。

人生の〝ビデオテープ〟のなかには、自分の目で見た印象《いんしょう》として記録されているものも入っていますが、守護霊の目で録《と》ったビデオの映像《えいぞう》も、編集《へんしゅう》されて入っているので、第三者の目で自分の姿《すがた》が見えるわけです。

過去の自分の姿を見ているときには、まるでタイム・マシンにでも乗ったように、何十年か前の世界にスッと入っていくことができます。その場に現在《げんざい》の自分もいるのですが、そこにいる登場人物には自分の姿が見えません。

そして、過去の自分、子供時代の自分が、「ドラえもん」のジャイアンのように相手をいじめているシーンなどが見えてきます。

そのときに、いじめたことの記憶が自分にあるのは当然ですが、それだけでなく、いじめられている相手のほうの気持ちもサーッと伝わってきます。「いじめられる側《がわ》はどうであったか」ということが分かってくるのです。殴《なぐ》られて痛《いた》い感じや悲しい感じ、裏切《うらぎ》られた感じ、「家へ帰ってから、お父さんやお母さんに、どう言《い》い訳《わけ》をしようか」と考えている感じ、「あす学校へ行けるだろうか」と悩《なや》んでいる感じなど、悶々《もんもん》としたり苦しんだりしている相手の気持ちがサーッと入ってきます。

過去の記憶としては、自分がいじめたことは覚《おぼ》えているかもしれませんが、それだけではなく、いじめられた側の記憶も、全部、入ってきて、その場面が客観《きゃっかん》的《てき》かつ公平に分かるようになっているのです。

そのように、人生のいろいろなトピックスが点々と見えてきます。

相手の「その後《ご》」を追体験《ついたいけん》する

また、自分としては、「人生の途上《とじょう》で、自分は仕事で勝利した。他社を競争《きょうそう》で退《しりぞ》けて取引に成功《せいこう》した」という記憶を持っているとします。そうすると、人生の回顧のなかで、確《たし》かに、そういう場面が出てくるのですが、そのときに、「敗《やぶ》れた相手のほうが、その後《ご》、どうなったか」ということも見えてくるのです。

敗れた人が、肩《かた》を落として帰っていく姿や、その後、しばらくして左遷《させん》されたりリストラに遭《あ》ったりする姿、さらには、一年後、おでん屋を始めた姿などまで見えてきます。

競争に勝ったあとのことは、その人とは会っていないので知らなかったわけですが、「自分は『勝った』と思っていたけれども、その後、あの人は、こんなことになってしまったのか」「それが原因《げんいん》で、奥《おく》さんとけんかをして、こんな結果《けっか》になってしまったのか」「それが原因で、子供が非行《ひこう》に走ってしまったのか」などということが分かるのです。

そのように、自分に関係があったことや自分がしたことによって、周《まわ》りの人たちがどうなっていったかを見せられます。

それを、ビデオを観《み》るような感じで見る人もいれば、その場面のなかに入っていって、ありありと見る人もいます。しかし、いくら声をかけても相手には聞こえません。「私は、そういうつもりではなかったのだ」などと言うのですが、相手には分からないのです。

臨死体験として報告されているものによれば、「武器《ぶき》商人をしていた人が、自分としては、武器を売ったところまでの記憶しかないのに、『その後、その武器がどのように使われ、どのように人が死んでいき、死んだ人の家族が、どのように悲しみ、苦しんだか』ということを見せられた。家族が死体に泣《な》きつくところや葬式《そうしき》をしているところまで追体験《ついたいけん》させられた」という話もあります。

その人の商売としては、武器を売るところまでで終わりなのですが、「その後、その武器がどのように使われて、誰《だれ》が死んだか」という、生きているときには分からないことまで、霊界《れいかい》の記録には残っているのです。

おそらく、広島《ひろしま》や長崎《ながさき》に原爆《げんばく》を落とした人たちも、死んだあとは大変でしょう。その人たちは命令によって原爆を落としたのでしょうが、「私は上官の命令どおりにやっただけだ」と言っても、原爆で亡くなった人たちと遺族《いぞく》の苦しみや悲しみを追体験したら、大変な辛《つら》さだろうと思います。

霊界では、そのようなことがあります。フラッシュバックのかたちで見る自分の過去が、この世の目で見る場合と違《ちが》う点は、「第三者の目で、その場面が見え、相手の気持ちが伝わってくる」ということと、「自分のしたことが、その後、どのように影響《えいきょう》していったかまで分かってくる」ということです。

人間関係においても、仲違《なかたが》いをしたり、くっついたり離《はな》れたり、さまざまなことがありますが、「その後、相手がどうなっていったか」ということが分かってくるわけです。

こういうことを、死んで間《ま》もないころに、あの世で勉強させられます。それを一通《ひととお》り勉強し終わって、反省が終わらないと、霊界での行き先が決まらないのです。

一つひとつ人生の場面を見せられて、「あなたは、この場面について、どう思いますか。これは、正しかったですか、正しくなかったですか。この場合、どうすべきでしたか」と、自分の判断《はんだん》を訊《き》かれます。

たとえば、「会社の同僚《どうりょう》が病気になって入院したときに、花束《はなたば》を持って、お見《み》舞《ま》いに行った。しかし、それはかたちだけで、心のなかでは、『これでライバルが一人減《へ》った。ざまを見ろ』と思っていた」ということまで明らかになってしまいます。

このように、死後の世界では、過去の人生が、非常《ひじょう》にリアルに、ドラマ性《せい》のあるかたちで見えてくるのです。

6　霊界《れいかい》を論理的《ろんりてき》に証明《しょうめい》することはできない

霊界では「過去《かこ》・現在《げんざい》・未来《みらい》」が同じ空間に存在《そんざい》できる

死後の世界で過去《かこ》の人生を見る際《さい》に体験《たいけん》することは、「時間の観念《かんねん》が、この世とはまったく異《こと》なる」ということです。昔《むかし》の場面のなかに自分が入《はい》り込《こ》んだような感じで見えることがあるわけですが、「霊界では、『過去・現在《げんざい》・未来《みらい》』が、あるようで、ない」というのは、こういうことを言っているのです。

過去のことであっても、現在ただいまのことのように見え、ちょうど映画《えいが》のスクリーンのなかに飛び込んだような感じで、その場面を体験することができます。

事実上、タイム・トリップ（時間旅行）をして過去の時代に行くのと同じです。

実《じつ》は、一部の人には未来も明かされることがあります。未来のことが、まだ起きていないのに、起きているかのように見えます。「このままでいけば、このようになる」という未来はあるので、未来の世界を体験することもできるのです。

その未来は、「いまの流れでいけば、このようになる」ということなので、「すでに起きている未来なのに、それを変えることもできる」という、不思議《ふしぎ》な不思議なことがありえます。

「バック・トゥ・ザ・フューチャー」という映画のなかでは、「この時点で、この二人が結婚《けっこん》しないと、未来が変わってしまう」という話があり、そのターニングポイント（転換点）でどうなるかによって、墓碑銘《ぼひめい》が変わったり、写真の画像《がぞう》が変わったり、いろいろなことが起きていました。ちょうど、あのような感じで未来が変わるのです。

未来はあるのですが、変えることができます。「このままであれば、こうなる」という未来があり、その未来はすでに起きていて、その未来を体験することが可《か》能《のう》です。ところが、それを変えることもまた可能なのです。そういう、まことに不思議な世界です。

したがって、霊界における「過去・現在・未来」は、地上の時計で計るような時間としては存在していないのです。「過去・現在・未来」が同じ空間に存在することが可能なのです。

ただ、「どちらが先で、どちらがあとか」という順序《じゅんじょ》はあり、親と子が逆《ぎゃく》になるようなことはありません。「どちらが先か」という順序は分かるのです。

霊界は、そのような世界です。

霊界には「因果《いんが》の理法《りほう》」以外に論理的《ろんりてき》なものはない

科学教育を受けた人は、「科学的に実証《じっしょう》できないものは信じられない。論理的《ろんりてき》に説明できないものは信じられない」などとよく言うのですが、あの世へ行くと、その論理的なものがありません。霊界は、まったく論理的ではない世界なのです。論理的ではない世界を論理的に証明《しょうめい》することは不可能《ふかのう》です。それは、本章の1節《せつ》で述《の》べたように、三十センチの物差しで空の広さを測《はか》ろうとするようなものであり、測ることはできないのです。

霊界で、唯一《ゆいいつ》、論理的なものがあるとすれば、当会でも教えている「因果《いんが》の理《り》法《ほう》」、すなわち、「因《いん》・縁《ねん》・果《か》・報《ほう》」の法則《ほうそく》です。何事《なにごと》にも原因《げんいん》があり（因）、それに何かの条件《じょうけん》が加わり（縁《えん》）、結果《けっか》が出て（果）、その結果によって影響《えいきょう》が出てきます（報）。こうした「因・縁・果・報」の順序は論理的に存在します。「物事《ものごと》には必《かなら》ず原因があり、何かの条件が加わり、結果が出て、その影響が出る」という因果関係は存在します。しかし、これ以外には、論理的なものは、まったく存在しません。

あえて、理解《りかい》可能な説明をするならば、テレビやラジオなどの電波の世界に似《に》ていると言えます。あるいは、どちらかというと、学術書《がくじゅつしょ》よりも小説の世界、フィクションの世界に近いのです。小説であれば、「何でもあり」で、いろいろなことが可能です。そういう、小説の世界のようなものなのです。

小説は論理的には書かれていません。登場人物がさまざまに絡《から》み合って、いろいろなドラマが行き当たりばったりのような感じで起きてきます。霊界は、それとよく似ているのです。

あの世の世界は論理的ではありません。非現実《ひげんじつ》といえば非現実です。「こんなことがあるのだろうか」と思うようなことが現実に起きます。時間や空間はまったく関係のない世界です。

霊界では、「知っている」ということが力です。知っていることは、起こすことができるのです。

さらには、現実感のあるもの以外に、象徴《しょうちょう》として現《あらわ》れてくるものがあります。「直接的《ちょくせつてき》に映像《えいぞう》や姿《すがた》が見えるのではなく、一種の象徴として何かが現れてきて、それを解釈《かいしゃく》しなければいけない」ということがあるのです。それはファンタジー（幻想）に近いものであり、論理性《ろんりせい》はまったくありません。そのため、同じものを見ても、人によって、見えているものが違《ちが》うこともあります。その人の理解度によって、違う世界が見えてくることがあるのです。

「象徴として見える」というのは、どういうことでしょうか。「臨死体験者《りんしたいけんしゃ》は、お花畑を見る」という話をしましたが、それも一種の象徴なのです。それは、おそらく、美しい世界の象徴でしょう。川の底《そこ》にも、宝石《ほうせき》のようにきれいな石がたくさんありますが、これも、いろいろなものの象徴であり、その他《た》のさまざまな景色《けしき》も象徴なのです。

これは、いわく言い難《がた》いものがありますが、子供《こども》が描《か》いた想像画《そうぞうが》のようなものだと言ってもよいでしょう。「想像で、いろいろな絵を描くと、それが現実のものとして現れてくる」というようなことなのです。その意味では、魔法使《まほうつか》いの世界に近いかもしれません。

そういう霊界の感覚を知った人は、この世に戻《もど》ってきて、他の人が「科学的思考で測れないものは信じられない」などと言っているのを聞くと、頭がクラッと来るような感じがするでしょう。

たとえて言えば、「どろどろの寒天のようなものが、二十五メートルのプールいっぱいに入っていて、そのなかに釘《くぎ》が一本落ちている。彼《かれ》らは、その釘で、何かを測る、何かをするなどと言っている。彼らの言っていることは、周《まわ》りの世界とあまりに違いすぎて、理解できない」という感じなのです。

現代《げんだい》医学を見ると、あまりにも脳《のう》に重きを置《お》きすぎていて、何もかも、すべてのことの原因を脳に持っていこうとします。人間の魂《たましい》の存在も、脳の作用《さよう》によるものにしようとしています。

臨死体験についても、「臨終期《りんじゅうき》に脳内《のうない》モルヒネが出て、その作用で恍惚感《こうこつかん》が出るのだ」と言ったりします。しかし、肉体が火葬場《かそうば》で焼かれたあとでも、お花畑もあれば三途《さんず》の川《かわ》もあるので、脳内モルヒネは関係がないのです。

7 地獄《じごく》へ行く人たち

この世での悟《さと》りが死後に行く世界を決める

「臨死体験《りんしたいけん》の際《さい》にトンネルを抜《ぬ》けていく」という話をしましたが、これは、死後の世界について、あまり知識《ちしき》や経験《けいけん》がなく、三次元波動《はどう》に染《そ》まって生きている、一般《いっぱん》の人の場合です。私の場合は、「トンネルを通る」ということはなく、ストレートに霊界《れいかい》へ移動《いどう》することができます。

私は、いま三次元に存在《そんざい》していますが、この三次元空間のなかに、実《じつ》は、四次元、五次元、六次元、七次元、八次元、九次元の、すべての空間が同居《どうきょ》しています。

「この世で得《え》ている悟《さと》りの次元と、死後に還《かえ》るあの世の次元が、同じになる」という、釈尊《しゃくそん》の考えは正しいのです。「心の調整が、どの程度《ていど》できていて、現在《げんざい》ただいま、何次元レベルの悟りを得ているか」ということが、死後に行く世界に、そのままつながっているわけです。

心の調整があまりできていない人は、三次元波動で生きているので、死後、四次元世界へ抜けていくのに、かなり苦労します。物理的《ぶつりてき》に皮や殻《から》を脱《ぬ》いで出ていくかのような経験をしなければいけないのです。

また、あの世に行ってからも、この世の垢《あか》をたくさん落とさなければいけません。死んでから、この世でのさまざまな体験や経験による垢を落とし、時間・空間の問題を研究して、「人間というものは、こういう存在なのだ」ということを体験して初めて、人生の目的と使命《しめい》が分かるのです。「人生には、そういう目的があったのか」という感じです。

親子やきょうだいの存在も、ありがたいものです。あの世へ行くときに、先に亡《な》くなった肉親が必ず迎《かならむか》えに来てくれるので、やはり肉親はよいものです。他人は、そう簡単《かんたん》には来てくれません。

真《ま》っ逆《さか》さまに落ちる人

臨死体験の報告《ほうこく》は、ほとんどが、安らいだ世界に行く話なのですが、そうではない場合もあります。安らいだ体験でない場合には、あまり発表したがらないのかもしれませんが、地獄《じごく》の体験をしている人も、現代《げんだい》では、けっこう多いはずです。

最もひどい人になると、「真《ま》っ逆《さか》さま」という形容《けいよう》そのもののかたちで落ちていきます。

そういう場合の落ちていく感覚は、あくまでも主観的《しゅかんてき》なものですが、ほんとうに地球の中心部ぐらいまで落ちたように感じます。何百キロ、何千キロと落ちていき、どれだけの距離《きょり》を落ちたか分からないぐらいです。エレベーターのロープが切れたような、あるいは、底《そこ》なしの井戸《いど》に飛び込《こ》んだような感じで、深い所まで落ちていきます。落ちていくあいだの時間も距離も分からないぐらいなのです。

そして、どこかで止《と》まります。

ところが、周《まわ》りが真っ暗で何も分からず、手探《てさぐ》り状態《じょうたい》になることもあります。ちょうど夜明け前のような暗さです。寒さと孤独感《こどくかん》のなかで、しばらくじっとしていると、やがて、うっすらと周りが見えてきます。

それからあとの光景《こうけい》は、幸福の科学が製作《せいさく》した映画《えいが》「ヘルメス――愛は風の如《ごと》く」「太陽の法」（共に製作総指揮・大川隆法）などに出てくる地獄界の描写《びょうしゃ》によく似《に》ています。

そういう暗い世界にいる場合もあれば、ボコッボコッと溶岩《ようがん》や火が噴《ふ》き出す場所の近くにいる場合もあります。

あるいは、落ちるや否《いな》や、何ものかが襲《おそ》ってくる場合もあります。みなさんも、高熱を出したときなどに、「刀を持った人や棍棒《こんぼう》を持った人、マシンガンを持った人などに追いかけられる」という怖《こわ》い悪夢《あくむ》を見たことがあるでしょう。そのように、下に落ちてしばらくして、「自分を害《がい》そうとするものが追いかけてくる」という恐怖《きょうふ》体験をする人もいます。リアルで実感があります。

いつも「人から害される」と思って人生を生きていた人は、地獄へ行って、そういう体験をすることが多いのです。

この世界は広大無辺《こうだいむへん》であり、いろいろな話が無限《むげん》にあります。

地獄へ歩いて下りていく人

いまは、病院で死ぬ人が多いので、たいていの人は、病院のベッドの上で幽体《ゆうたい》離脱《りだつ》をして、トンネルを抜け、三途《さんず》の川《かわ》を渡《わた》り、あの世へ行きます。

その後《ご》、教会やお寺に行って、反省をさせられ、行き先が決まります。

その結果《けっか》、四次元精霊界《せいれいかい》で修行《しゅぎょう》をする人もいれば、「自分の人生は不合格《ふごうかく》でした。すみませんでした」と反省文を書いて、地獄でどのくらいの修行が必要かを守護霊《しゅごれい》たちと相談して決め、地獄へ行く人もいます。

「こういう人生だと、カルマの刈《か》り取《と》りをするためには、地獄で、この程度の修行は要《い》る」ということになり、「あなたの行き先はこちらです」と言われ、そちらのほうへ歩いていくと、美しい草花が咲《さ》いている、なだらかな丘《おか》から、サーッと下《くだ》り坂《ざか》が始まります。その下り坂を、とぼとぼと歩いて下りていかなければなりません。コースは幾《いく》つかありますが、下り坂を下りていくのです。

そうすると、しだいに周りの景色《けしき》が変わってきます。きれいなお花畑だったものが、ちょうど、浅間山《あさまやま》や阿蘇山《あそさん》などの溶岩荒原《ようがんこうげん》のような、ごつごつした岩肌《いわはだ》の地面になってきます。木は灌木《かんぼく》になり、しかも、まばらになってきます。歩いていくにつれて、だんだん薄曇《うすぐも》りになり、周りが暗くなってきて、気温が下がってきます。

そのように、下《くだ》っていきながら少し旅をするのですが、そのあいだに、いろいろな経験をします。

地獄界との境目《さかいめ》には、いろいろなものがあり、さまざまな人と出会うことがあります。そのあたりで迷《まよ》っている人もたくさんいます。他《た》の人を惑《まど》わす人もいれば、道案内《みちあんない》をする人もいます。

また、下から上がってくる人もいます。「私は、やっと帰れることになったのです。あなたは、これからですか。ご苦労さまです。頑張《がんば》ってきてください。地獄も『住めば都《みやこ》』で、済《す》んでしまえば、すべてがよいことでした。私は、六十年の修行が何とか終わって、いま帰るところなのです」などと言う人もいれば、

「ああ、向こうから、懐《なつ》かしい、私の守護霊が迎えに来た」などと言う人もいます。

そういう人とすれ違《ちが》うことがあり、「修行が終わった人は、いいな」と思いながら下っていくのです。

ただ、このように歩いていける人は、まだ、それほど罪《つみ》は重くないのです。自分で自覚して下りていく人は、ストーンと落ちる人ほど悪くはありません。

悪魔《あくま》に地獄へ連れていかれる人

生きているあいだに何体もの悪霊《あくれい》や悪魔《あくま》に憑依《ひょうい》されていた人は、死ぬときに、「自分の亡くなったおじいさんやおばあさん、あるいは天使が迎えに来てくれて、光のトンネルをくぐっていく」というかたちではなく、憑《つ》いているものに、そのままサーッと拉致《らち》されるように連れていかれることがあります。

それは、生きていたときに、すでに悪魔の手下となり、一定の〝使命〟の下《もと》に働いていた人です。悪魔がこの世に派遣《はけん》した一種の特殊部隊《とくしゅぶたい》のようになって、悪魔の手先として一定の目的を果《は》たしていた人は、そうなります。

たとえば、暴力団《ぼうりょくだん》関係者、麻薬等《まやくとう》を取り扱《あつか》って人を迷わしていた者、詐欺《さぎ》や強《ごう》盗《とう》、その他、さまざまな犯罪《はんざい》を犯《おか》した者、指導者《しどうしゃ》として多くの人を殺した者などがそうです。

そのように、悪魔の手先だった人が死ぬと、仲間《なかま》が来て、その人をサーッと連れていくのです。

この場合は、本人が悪魔と同通《どうつう》しているので、天使もほとんど手が出せません。ラグビーのスクラムのようなかたちでザーッと持っていかれてしまうので、天使のほうも、説得《せっとく》する間《ま》もなく、どうしようもないのです。

こういう人の場合には、禅《ぜん》で言う「冷暖自知《れいだんじち》」、つまり、「冷たいか暖《あたた》かいかは自分で体験する」ということで、嫌《いや》になるまで地獄を経験してもらわなければ、しかたがありません。

地獄は、だいたい、以上のような世界です。

これに対して、霊界の上のほうの世界は、私がさまざまな著書《ちょしょ》で説《と》いているような、よい世界です。

8　あの世は宗教《しゅうきょう》が仕切っている世界

この世の人々の多くが真実を知らずに生きている

当会の信者であった作家のK・Tさんの霊《れい》が、たまに私のところを訪《たず》ねてくることがあります。

彼《かれ》は、あるとき、次のようなことを言っていました。

「私は、あの世に還《かえ》って何年かたちましたが、あの世で経験《けいけん》したことは、すべて先生の言われていたとおりでした。ほんとうに全部そのとおりで、一つも間違《まちが》いはありませんでした。

しかし、この世の人々のほとんどは、真理をまったく知らずに生きています。そして、真理を知らないままに死んでいきます。そういう人たちは、あの世へ行ってから大変なことになります。

幸福の科学は、もっと伝道を頑張《がんば》らないといけないのではないでしょうか。この程度《ていど》の伝道でよいのでしょうか。地上には六十億以上の人がいるのですから、『数百万部のベストセラーだ。数百万人が読んだ』という程度では、真理が人々に届《とど》きません。ほとんどの人は救《すく》いの網《あみ》に引っかからないのです。

あの世は先生のおっしゃるとおりの世界なので、もっと多くの人に知らせなければいけません」

私は彼に、「あまり焦《あせ》っても、この世にはこの世のルールがあるので、そう簡《かん》単《たん》にはいかないのだ」と答えたのですが、実際《じっさい》に真実を知った人は、「みんなに早く知らせなければ大変だ。真理を知らない人が半分以上もいるのは不親切すぎる」と言います。

死後の世界は、苦しかったり悲しかったりする世界ではありません。もちろん、悪い生き方をした人にとっては、そういう世界であることもありますが、まっとうに生きた人にとっては、この世より、ずっと美しく、ずっと安らいでいて、ずっと幸福感の強い世界です。「この世に帰りたい」と思う人は、ほとんどいないぐらい、ほんとうによい世界なのです。

しかし、この世の人生は一種の試験《しけん》であり、一定の期間、さまざまな経験を積《つ》むと共に、盲目《もうもく》のままに〝実験《じっけん》〟をされているのであって、その結果《けっか》しだいでは、あとで苦しい世界も待っています。

そのため、「真実を知らない」というのは大変なことです。その真実を、「非科学的《ひかがくてき》な迷信《めいしん》である」「昔《むかし》の人が信じていた、時代遅《じだいおく》れのものである」などと多くの人が思っている現代《げんだい》社会は危険《きけん》なのです。

現代では、死後の世界を信じていない人が多いので、実際に、死後の世界はかなり混乱《こんらん》しています。

いまは人口も増《ふ》えているので、「今回、初めて地上に生まれた」という人もたくさんいるようです。そのなかには、元は人間ではないものだった人もいます。人間ではないものとは、人間の近くにいる生き物です。また、宇宙《うちゅう》からも数多くの魂《たましい》が地球に来ており、「初めて地球で肉体を持った」という人もいます。そのため、かなり混乱が起きています。

その意味で、「生きているうちに、あの世のことを知り、信じていただきたい。

さらに、あの世へ還ってから、自分で実体験《じったいけん》をして、検証《けんしょう》していただきたい」と思います。

あの世では宗教《しゅうきょう》がなければ生きていけない

私たちは、この世において救済《きゅうさい》の仕事をしていかなければなりませんし、死んであの世に還《かえ》ってからも、その仕事の続きが待っています。

死んで、あの世に還ってみると、「宗教《しゅうきょう》は、こんなに偉大《いだい》なものだったのか」と感じます。この世では、宗教は見くびられたり悪く言われたりしていますが、あの世へ行くと、「宗教様々《さまざま》」です。

あの世の世界は、宗教が、ほとんどすべてを仕切っている世界です。そこでは、宗教がなければ生きていくことができません。その世界に存在《そんざい》することができないからです。

当会の教えを学んでいるみなさんのなかに、たとえ、いまは貧《まず》しい生活をしながら修行《しゅぎょう》している人がいたとしても、あの世では、光り輝《かがや》く世界が待っています。この世では、どんなに苦難《くなん》・困難《こんなん》や迫害《はくがい》などがあったとしても、あの世では、宗教はメジャーであり、すべてが宗教の世界なのです。

「宗教は信じられない。死後の世界は信じられない。魂は信じられない。天使も信じられない。仏《ほとけ》も神も絶対《ぜったい》に信じられない」という人は、地縛霊《じばくれい》となって、この世の人間や、会社や自宅《じたく》などに執着《しゅうちゃく》して離《はな》れなかったり、墓石《はかいし》に抱《だ》きついて離れなかったりするか、あるいは、多くの人を惑《まど》わした〝思想犯《しそうはん》〟が行く「無間《むけん》地獄《じごく》」へ行くか、そのどちらかになります。

ただ、地獄にも〝信仰心《しんこうしん》〟のある人たちはいます。それは悪魔《あくま》を信じた人たちです。一部には、そういう間違った教えを信じる人もいるので、信仰心だけで、すべてを片《かた》づけられるものでもありません。そのように、間違った宗教が地獄界に及《およ》んでいる部分もあります。

しかし、「あの世は宗教が九十五パーセント以上を仕切っている」と言ってよいので、宗教の仕事は非常《ひじょう》に大事な仕事なのです。

反省や祈《いの》りは高級霊界《こうきゅうれいかい》とつながる〝携帯《けいたい》電話〟

この世においては、宗教の戦力はかなり少なく、宗教者の仕事をする人が足《た》りません。そのため、なかなか人々に真理を信じてもらえずに苦労をしています。

前述《ぜんじゅつ》したように、「三十センチの物差しで測《はか》って証明《しょうめい》せよ」と言われ、それに対して反論《はんろん》ができずに苦しんでいるような状況《じょうきょう》です。

最終的には、死ねば全員が体験することなのですが、唯物論的《ゆいぶつろんてき》な科学主義《しゅぎ》が、現代人を迷妄《めいもう》の底《そこ》に落とし、無明《むみょう》の世界に落としているので、何とかして、そこから人々を救わなければいけません。

作家のＫ・Ｔさんが霊人《れいじん》として私のところを訪ねてきたときの話をしましたが、彼が言うように、「数百万部のベストセラーなんて、まだ甘《あま》い」というのは、確《たし》かに、そのとおりなのです。地球の人口から見ても少ないですし、私の著書《ちょしょ》を読んだ人でも、どこまで分かっているかは疑問《ぎもん》です。

「死後に人生を回顧《かいこ》する」という話もしましたが、当会の信者は、反省行《はんせいぎょう》において、自分の過去《かこ》のシーンを思い出して反省したり瞑想《めいそう》したりしているので、生きているあいだに、すでに人生の回顧を始めているわけです。

また、そういう静寂《せいじゃく》な時間を持たなければ、異次元《いじげん》との交流も始まりません。

みなさんが、万一《まんいつ》、死後に、暗い世界へ行くことがあったときには、祈《いの》りを使ってください。祈りは電話と同じようなものであり、必《かなら》ず届きます。

「生前《せいぜん》、自分なりに反省をしたり修行をしたりしたつもりであったのに、生き方を間違ってしまい、光の世界に還《かえ》れなかった」というときには、祈ってください。祈りは必ず届き、何らかの救いの手段《しゅだん》が働きます。天使が救いに来ることもあれば、何か救いの手立てが与《あた》えられることもあります。

祈りを忘《わす》れないことです。短い祈りであっても効《き》きます。

したがって、「できるだけ多くの人に、私の著書を読むだけでなく、信者になって、霊界《れいかい》の知識《ちしき》を持つと同時に、生きているうちに、きちんと人生を反省していただきたい。また、祈りや瞑想を精舎《しょうじゃ》などで経験していただきたい」と思います。

それが高級霊界《こうきゅうれいかい》とのコンタクト（接触）のツール（道具）になります。そういうものを持っていることが大事です。反省や祈り、経文《きょうもん》の読誦《どくじゅ》などは、異次元の高級霊界とつながるための〝携帯《けいたい》電話〟なのです。それを一人でも多くの人に経験していただきたいのです。

実在界《じつざいかい》、あの世を見ると、「この世の仕事には積《つ》み残しがずいぶんあるな」と感じます。それが、この世の難《むずか》しいところでもあります。
その意味でも、幸福の科学の教えや活動を広げていきたいと私は考えています。

第3章

信仰《しんこう》とは何か（質疑応答《しつぎおうとう》）

1　なぜ神がいるのか

【質問】
子供《こども》のころから疑問《ぎもん》に思っていたのですが、なぜ神がいるのでしょうか。

☆　☆　☆

すべての人の心を貫《つらぬ》いているものがある

人間には、創《つく》られたものとしての痕跡《こんせき》があります。

赤ちゃんは、生まれてきたら、すぐに酸素《さんそ》呼《こ》吸《きゅう》ができます。口も目も鼻も耳も付いていています。人間の肉体の姿《すがた》そのものを見ると、あまりにも見事《みごと》に、この地上で生活ができるように創られています。これは、ある意味で信じ難《がた》いことです。

また、幸福《こうふく》の科学《かがく》の教えを学んでいる人は、「魂《たましい》」という問題に遭遇《そうぐう》します。魂の問題について深く研究すれば研究するほど、「魂とは、ほんとうに値打《ねう》ちのあるものである」ということが分かります。そして、「この値打ちの奥《おく》にあるものは何か」ということに思いを巡《めぐ》らすと、「やはり、人間は創られたものなのではないか」という推定《すいてい》が働くことでしょう。

人は、それぞれ、思うことや考えることは違《ちが》います。しかし、たとえば、心を揺《ゆ》さぶる言葉に接《せっ》したときには、誰《だれ》もが同じように感動します。「先祖《せんぞ》を辿《たど》っていっても、親戚《しんせき》でも何でもない」という関係は幾《いく》らでもあるはずですが、それでも、同じように心を揺さぶられます。日本人に限《かぎ》らず、外国の人であっても、きちんと翻訳《ほんやく》された真理の言葉に触《ふ》れると、魂を揺さぶられます。その部分において、人はみな同じです。

これは、なぜでしょうか。実《じつ》は、まったく別々《べつべつ》の個性《こせい》として生きてきた人たちであっても、そのなかに、お互《たが》いに分かりうる部分があるのです。人間がお互いに分かりうるのは、相手と同じものが自分のなかにもあるからです。自分のなかにないものは分かりません。自分の感覚や思いのなかに、相手と同じものがあるから分かるのです。

それぞれ、いろいろな環境《かんきょう》に生まれた人、自分が会ったこともない人、地球の反対側《はんたいがわ》に住んでいる人、アフリカの人、インドの人、このように多種多様《たしゅたよう》な人がいますが、すべての人の心に共通して流れるもの、すべての人の心を貫《つらぬ》いているものがあるわけです。

地上では、それぞれの両親から別々に生まれた人間であっても、突《つ》き詰《つ》めていけば、心の部分、魂の部分で、すべての人がつながっています。地上には六十億以上の人々がいますが、みな、つながっている部分があります。行動様式や話している言語、髪《かみ》の色や肌《はだ》の色は違っても、心の奥において、その価値観《かちかん》において、道徳律《どうとくりつ》において、真理において、確《たし》かに共通している部分があるのです。

「その元が何かあるに違いない。その元にあるものは何だろうか」と手繰《たぐ》っていくと、その元なるものが、「根本仏《こんぽんぶつ》」「根本神《こんぽんしん》」などといわれる存在《そんざい》です。「魂は根本仏（根本神）によって創られている」という推定が働くのです。

人々の心のなかを見たならば、仏《ほとけ》、神の存在を感じざるをえないでしょう。

たとえば、アメリカにもアフリカにも、いろいろな人種の人たちがいます。なぜ、彼《かれ》らにも良心があるのでしょうか。なぜ、「正しい」ということが分かるのでしょうか。なぜ、「美しい」ということが分かるのでしょうか。環境によって多少の違いはあっても、彼らも、「正しさ」「美しさ」が理解《りかい》でき、良心があって、悪いことをすれば心が痛《いた》みます。

人間だけではなく、犬や猫《ねこ》でもそうです。みなさんが自宅《じたく》で飼《か》っている犬は、悪いことをしたときには、うつむいて、悲しそうな顔をしませんか。いかにも「悪いことをした」という姿をしませんか。猫でも同じでしょう。人間だけではなく、動物だって、そういうことを感じるのです。

なぜでしょうか。人間と動物とは、まったく別《べつ》の肉体、まったく別の魂ですが、それでも、動物たちも、ある程度《ていど》の善悪《ぜんあく》は分かっているのです。

このことは、やはり、「元なるものがあり、そこから魂が分かれてきた」ということを示《しめ》しているのではないでしょうか。

「魂《たましい》の親」という存在《そんざい》があることは認《みと》めざるをえない

ここで、「なぜ、あなたのご両親はいるのでしょうか」と、私があなたに問うたならば、その問いに、あなたは答えられるでしょうか。「それには答えられません。ただ、両親がいなければ、私は生まれていないはずです」と、おそらく、あなたは言うことでしょう。

「なぜ神がいるのか」ということは人間には分かりません。なぜなら、神と人間では立場が違うからです。

ただ、人間の立場から見るかぎりでは、「魂《たましい》の親」という存在《そんざい》があることは認《みと》めざるをえない面があります。

その存在を地上で完全に証明《しょうめい》しえた人はいませんが、それに近い証拠《しょうこ》を出しつづけた人は数多くいます。その証明に成功《せいこう》するために、私も、いろいろな証拠を出しつづけています。

その存在を認めるか否《いな》かは、最後は、みなさん個人《こじん》の心に委《ゆだ》ねられています。強制《きょうせい》することはできません。

ただ、私は、四百冊《さつ》もの著書《ちょしょ》や数多くの説法《せっぽう》などによって、みなさんに、さまざまな機会を提供《ていきょう》しています（発刊時点。二〇二四年十月時点で、著書は三千二百書を超える）。その事実をもって説明に代えたいと思います。

人間の立場において、根本仏、根本神そのものを定義《ていぎ》し、その存在そのものについて説明し尽《つ》くすことは、極《きわ》めて難《むずか》しいことです。しかし、その存在を推測《すいそく》し、推定することはできますし、それについて語ることもできるのです。

2 教団《きょうだん》に所属《しょぞく》することの意義《いぎ》

【質問】

「人につかず、組織《そしき》につかず、法につけ」という言葉を聞いたことがあります。その言葉に従《したが》うならば、教団《きょうだん》に所属《しょぞく》してはいけないように思います。信者となって教団に所属することの意義《いぎ》を教えてください。

☆　☆　☆

独《ひと》りで学ぶ人は「野狐禅《やこぜん》」に陥《おちい》りやすい

ご質問《しつもん》のような考えを「野狐禅《やこぜん》」といいます。それは、悟《さと》ったような雰囲気《ふんいき》を楽しんでいるだけの状態《じょうたい》です。言葉を換《か》えれば「生悟《なまざと》り」です。「人につかず、組織《そしき》につかず、法につけ」という言葉を知って、「では、団体《だんたい》に所属《しょぞく》してはいけないのだ」と考えるたぐいのことを、「生悟り」というのです。

あなたは、「人につかず、組織につかず、法につけ」という言葉の意味が分かっていません。独学《どくがく》で、自分独《ひと》りで本を読んでいるだけだと、えてして、自分に都合《つごう》よく物事《ものごと》を考えてしまうのです。

「人につかず、組織につかず、法につけ」という言葉は、「法を説《と》く人がいるときには、その人の説く法に従《したが》いなさい。法を説く人が亡《な》くなったときには、その人が遺《のこ》した教えに従いなさい」ということを意味しています。

これは、「自灯明《じとうみょう》・法灯明《ほうとうみょう》」という、仏教《ぶっきょう》の教えです。仏教では、昔《むかし》から、「仏《ぶっ》陀《だ》が生きているときには、仏陀の教えに従いなさい。仏陀が地上を去ったときには、仏陀の遺した法に従って、各自《かくじ》が自分で心に灯《ひ》をともして生きていきなさい」と教えているのです。

ある言葉をそのまま字義《じぎ》どおりに受け取ることは簡単《かんたん》なのですが、それでは往々《おうおう》にして誤解《ごかい》することがあります。

真剣《しんけん》に教えを求《もと》める気持ちがあるならば、きちんと指導者《しどうしゃ》につくべきです。そうしないと分からないことがあるのです。

「仏《ぶっ》・法《ぽう》・僧《そう》」の三宝《さんぽう》に帰依《きえ》せよ

「仏《ぶっ》・法《ぽう》・僧《そう》」の三宝《さんぽう》に帰依《きえ》することが大事です。

仏《ぶつ》とは、仏陀《ぶっだ》、悟りたる人のことであり、法《ほう》とは、仏陀の説く教えのことであり、僧《そう》とは、仏弟子《ぶつでし》の集団《しゅうだん》、サンガと、そのルールのことです。

信者になって、サンガに帰属《きぞく》すれば、自分には分からないことを周囲《しゅうい》の法友《ほうゆう》たちが教えてくれるようにもなります。

それにもかかわらず、「私は自分独りで悟りますから」と言う人は、「独覚《どっかく》」（師なくして独りで悟り、目覚めること）の悟りを目指《めざ》すことになるわけですが、その悟りは、ある程度《ていど》のところ以上には行きません。

やはり、信者となってサンガに帰属し、指導者の下《もと》で法友と共《とも》に学んでいくほうがよいのです。

3　信仰心《しんこうしん》の発展段階《はってんだんかい》

【質問】
信仰心《しんこうしん》にも発展段階《はってんだんかい》があるのでしょうか。

☆　☆　☆

信仰心には無限《むげん》に近い階梯《かいてい》がある

私の著書《ちょしょ》『太陽の法』（幸福の科学出版刊）では、「愛の発展段階説《はってんだんかいせつ》」として、「愛する愛」「生かす愛」「許《ゆる》す愛」「存在《そんざい》の愛」などの段階が説《と》かれています。

それでは、信仰心《しんこうしん》にも発展段階があるかというと、もちろんあります。

ただ、信仰心には無限《むげん》に近い発展段階があります。結局《けっきょく》、信仰心とは、究極《きゅうきょく》の仏《ほとけ》、究極の神に至《いた》る階段《かいだん》そのものなのです。この階段が、いったい、どのくらいあるのかというと、何千段《なんぜんだん》か、何万段か、あるいは、それ以上か、それは分かりません。実際《じっさい》には、もっとあるでしょう。要するに、「信仰心には無限に近い階《かい》梯《てい》がある」ということです。

「無限に近い段階があるなら、努力のしようがないではないか」と思い、落胆《らくたん》する人もいるかもしれません。しかし、信仰心の段階は、悟《さと》りの段階と同じでもあるのです。

たとえば、「自分の守護霊《しゅごれい》が自分自身に何らかの合図《あいず》を送ってくる。守護霊が、きちんと自分の行動を護《まも》ってくれる」という状態《じょうたい》は、おおよそ、仏のほうに心が向き、正しく精進《しょうじん》している段階です。間違《まちが》った考えを持たずに、よい方向に向かって、正しく精進している場合には、守護霊がしっかりと守護してくれるようになります。これは、修行者《しゅぎょうしゃ》が目指《めざ》すべき、信仰心の最初の段階でしょう。

この段階になると、光が入りやすい状態になります。たとえば、「仏法真理《ぶっぽうしんり》の学習をしていると、頭の後ろにポッと後光《ごこう》が出る。幸福の科学の根本経典《こんぽんきょうてん》『仏《ぶっ》説《せつ》・正心法語《しょうしんほうご》』を読んでいると、パッと後光が出る」という感じになります。

また、その人が他《た》の人と向かい合って話をしていると、相手の体が急に温《あたた》かくなったり、それまで暗い表情《ひょうじょう》をしていた相手がパッと目を輝《かがや》かせたりします。そういうことが起こってくるのは、その人と話すことによって、相手にも光が入ってきている証拠《しょうこ》なのです。

これは、悟りの第一段階である「阿羅漢《あらかん》」の心境《しんきょう》とよく似《に》ています。

信仰心の段階に応《おう》じて、あの世から指導《しどう》がある

信仰心のレベルそのものは、人間のほうでは測《はか》りにくいものであり、そのレベ

ルは、あの世から測られます。

ただ、伝道を実践《じっせん》しているときに、自分から見て「奇跡《きせき》だ」と思われることとして、どのようなことが起きてくるかを見れば、ある程度《ていど》の確認《かくにん》はできます。

信仰心に基《もと》づいて、実際に伝道活動などをしていると、「これは奇跡だ」と思えることが続出《ぞくしゅつ》するようになります。「奇跡だ」と思えることが続く度合いや、その起こり方などを見ていると、「自分は、だいたい、どの程度の信仰心になってきているのか。自分は、どの辺の霊の指導《しどう》を受けているのか」ということが、よく分かるようになるのです。

信仰心のない人には何も起きませんが、信仰心のある人には、だんだん、意外なよいこと、思わぬよいことが起きてきたり、一年前の自分から考えると信じられないような、他の人からのよい反応《はんのう》や、よい結果《けっか》が出てきたりすることがあります。そういう奇跡のようなことが増《ふ》えてきたときには、「これは守護・指導霊の光をかなり頂《いただ》きはじめたな」と思って間違いないでしょう。

結局、信仰心の発展段階に応《おう》じて、あの世から指導があるのです。

守護霊は自分とだいたい同じような魂《たましい》なので、「これは、守護霊の力にしては少し大きすぎる。自分の力以上だ」と思えてきたら、指導霊が援助《えんじょ》しはじめています。指導霊が、「あなた自身の力では、もうそろそろ無理《むり》な領域《りょういき》に来ているので、専門家《せんもんか》である私が、あなたを指導しましょう」ということで、指導に来ているわけです。

このように、「いままでの自分からは考えられない」という状態になってきたら、もう一段《いちだん》上の段階まで来ています。

たとえば、当会の講師《こうし》が、どれだけ多くの人を教化《きょうけ》する能力《のうりょく》があるかは、見ていると、だいたい分かります。信仰心の高い人ほど、教化能力、すなわち、多くの人々を納得《なっとく》させ、その心を変化させる力があります。この力の弱い人は、一人か二人の心を変えることができる程度ですが、この力の強い人になると、何十人、何百人という人々を一気に教化することができるのです。

信仰心がきっちりと確立《かくりつ》すると、あの世から、それ相応《そうおう》の力を引いてくることができるようになるため、それにふさわしいだけの結果がきちんと出てきます。あの世で起きることと、この世で起きることとが一致《いっち》してくるのです。

あの世で起きることでも、この世では、通常《つうじょう》、なかなか起きませんが、信仰心によって、あの世とこの世がビシッと一本に貫《つらぬ》かれると、あの世とこの世がほぼ同じようになってきます。実在界《じつざいかい》と現象界《げんしょうかい》とを同じようにしてしまうのが信仰心なのです。「次元の差を超《こ》えるものが信仰心である」と理解《りかい》すればよいでしょう。

愛の発展段階説のように明確《めいかく》なものではありませんが、信仰心にも、そのような発展段階があるのです。

4　仏《ほとけ》という言葉をどう理解《りかい》するか

【質問】

仏典《ぶってん》には、仏《ほとけ》について、「仏は初めから仏である」とも、「長いあいだ修《しゅ》行《ぎょう》をして仏になる」とも書かれています。

仏という言葉をどのように理解《りかい》したらよいのでしょうか。

☆　☆　☆

仏には二つの現《あらわ》れ方がある

人間的属性《ぞくせい》を超《こ》えた存在《そんざい》である仏《ほとけ》には二つの現《あらわ》れ方があります。すなわち、

「初めから、役割上《やくわりじょう》、仏としての姿形《すがたかたち》を持って仕事をしている存在」と、「いったん、片々《へんぺん》たる魂《たましい》となって個々《ここ》の肉体に宿り、永遠《えいえん》の修行《しゅぎょう》を経《へ》て、元なるものに近い姿《すがた》に帰っていった存在」という二つの現れ方があるのです。

実《じつ》は、魂というものは、創《つく》られた時点がすべて同時期ではありません。いろいろな時期に、いろいろな環境下《かんきょうか》で創られた魂の群《む》れというものがあります。また、創られた時点に差があるだけでなく、創られた目的が違《ちが》う場合もあります。

創られた時期の違いで言うと、たとえば、ある百億ほどの魂の群れが、いまから二十億年ぐらい前に創られたとします。その魂群《たましいぐん》は、転生輪廻《てんしょうりんね》をして魂修行《たましいしゅぎょう》を行《おこな》います。その後《ご》、十億年ぐらいたってから、また何十億かの魂の群れが創られたとします。そうすると、二十億年ぐらい前に創られた魂群のなかには、その十億年間の転生輪廻の過程《かてい》で、そうとう魂修行をして、かなり魂が進化しているものがいるはずです。こういう魂たちは、あとから創られた魂群のところへ、最初から高い悟《さと》りを得《え》ている仏の姿で現れてくることもありうるのです。

これは究極《きゅうきょく》の秘密《ひみつ》なので、あまり明かせないのですが、「古い魂ほど、進化して偉《えら》くなっていることが多い」と考えてよいでしょう。

ただ、魂の群れのなかには、やはり、一定の目的のために最初に創られた、先生役の存在があります。

たとえば、日本の大学には、まだ百数十年という短い歴史しかありませんが、多くの場合、「その大学の卒業生《そつぎょうせい》が、そこで助手になり、助教授《じょきょうじゅ》（准《じゅん》教授）になり、教授になる」という過程を経ることになります。

しかし、最初に大学をつくったときには、やはり、先生がいないと授業《じゅぎょう》はできないので、よそから先生に来てもらったでしょう。

それと同じように、初めて魂を創るときには、どうしても先生役の魂も創らなくてはいけなかったのです。

そのあとは、「教育の過程で、優秀《ゆうしゅう》な人が、どんどん先生になっていく」ということになったわけです。

このようなたとえで、仏という言葉を理解《りかい》してください。

5　信仰《しんこう》と知の関係

【質問】

仏《ほとけ》への信仰《しんこう》を伝えていくときに、「知というものが、その人の信仰の邪《じゃ》魔《ま》をしている」と思うことがあります。

信仰と知の関係や、この二つを両立させていくための方法について、教えてください。

☆

☆

☆

仏《ほとけ》が主《しゅ》で人間が従《じゅう》である

「仏《ほとけ》と人間」という図式を考えるならば、やはり、仏が主《しゅ》で人間が従《じゅう》です。そういう気持ちがなければ、そもそも、信仰《しんこう》というものは成り立ちませんし、宗教《しゅうきょう》も発生の余地《よち》がありません。

仏という、絶対的《ぜったいてき》、超越的《ちょうえつてき》な存在《そんざい》があり、人間は、その仏に慈悲《じひ》を与《あた》えられ、仏に報恩《ほうおん》をしながら生きている存在なのです。その意味で、人間は太初《たいしょ》より「従たる存在」である面があります。

この「従たる存在」という考え方、「自分は従たる立場にある。補助者的《ほじょしゃてき》な立場にある」という考え方のなかに、信仰心を生む大事な発想があります。実《じつ》は、ここに謙虚《けんきょ》さが生まれ、その謙虚さが「帰依《きえ》の精神《せいしん》」と「信仰の心」を生んでいくのです。

このように、従たる立場というものには、とても大事な意味があるのです。

その逆《ぎゃく》に、「自分が天地万物《てんちばんぶつ》の主人だ」という気持ちを持ったならば、傲慢《ごうまん》な人間が生まれ、そういう人間が自我我欲《じがよく》のままに生きたときに、地獄《じごく》という世界が展開《てんかい》することがよくあるのです。

深い知と信仰とは対立しない

「信仰」と「知」も、これと同じような関係にあります。

ほんとうに意味のある知は、能動的《のうどうてき》な知ではありません。「自分が主人であり、自分に知識《ちしき》があれば、すべてが開《ひら》ける」というのは、ある程度《ていど》の段階《だんかい》までのことです。

ほんとうに深い知とは、「智《ち》」、すなわち叡智《えいち》であり、「宇宙《うちゅう》と一体となる」「仏や神と一体となる」という、崇高《すうこう》な存在と交流する部分を含《ふく》んだ知です。そして、非常《ひじょう》に従的《じゅうてき》な立場、あるいは、非常に受け身的な立場にならないと、その豊《ゆた》かな知は与えられないのです。

信仰と知は、ほんとうは対立するものではありません。知の下部の、この世的に役に立つ部分に限定《げんてい》された知と、信仰とが対立しているのであって、ほんとうの深い知と信仰とは対立しないのです。両者は一致《いっち》していくものであり、むしろ、知が信仰を高め、信仰が知を高める部分があるのです。

修道女《しゅうどうじょ》にしても、禅僧《ぜんそう》にしても、この世的な勉強をそれほどしていなくても、極《きわ》めて知的に高いことがあります。その高さは、いったい何なのでしょうか。それは、洞察《どうさつ》の深さでもあり、直観《ちょっかん》の鋭《するど》さでもあり、大所高所《たいしょこうしょ》からものを見る、澄《す》んだ目でもありましょう。

このような深い知は、この世的なペーパーワーク（書類事務）やペーパーテスト（筆記試験）で測《はか》られる知よりは、はるかに優《すぐ》れたものです。この深い知は、実は信仰と深くつながっています。学問の世界だけで、このような深い知にまで到達《とうたつ》することは、そうとうの努力を積《つ》まないかぎり無理《むり》です。通常《つうじょう》は、そこまで行かないのです。

才は徳《とく》に使われる

もし、あなたが「この人は知によって信仰が妨《さまた》げられている」と思うのならば、まず、相手の知を崩《くず》さなければいけません。そのためには、相手が「知識こそが素晴《すば》らしい」と思っている、その知識の奥《おく》にあるものを、あなた自身がつかまなければならないのです。

それをつかむ努力を続けていくと、やがて、あなたと話している相手が、あなたから見て子供《こども》のような感じになる場合が出てくるでしょう。それは、あなたが、ほんとうの知識、知力を持ったときです。相手が子供のようになり、「大人と子供」「先生と教え子」のような関係になってくるのです。

そうすると、相手は、あなたと話をするにあたって、反発するような態度《たいど》をとることはできなくなるでしょう。

「なぜ、この人は、そんなに分かるのだろうか。なぜ、私の本質《ほんしつ》や他《た》の人の本質、社会の本質が、分かるのだろうか。なぜ、洞察できるのだろうか。なぜ、そんな直観が得《え》られるのだろうか」と、相手は不思議《ふしぎ》に思うはずです。

そのときに、相手には、あなたから学ぶ気持ちが出てきます。そこで、教えてあげるのです。

したがって、これは、あなた自身の問題にほかなりません。

信仰を伝えるにあたって、「相手の知識が信仰の邪魔《じゃま》をしている」と思うかもしれませんが、そのときには、それ以上に高いものをみずからのなかに築《きず》いてくださいい。そうすれば、上から下に水は流れていきます。水路の水と同じです。あなたの立場のほうが下だと、水は上のほうにはなかなか流れません。

相手は、「自分のほうが偉《えら》い」と思っているから、あなたの意見を受け入れないのです。「自分のほうが知識を持っている」「自分のほうがよく勉強している」「自分のほうが立場は高い」と思うから、受け入れないのです。

やはり、「自然に水を流すが如《ごと》く」でなければいけません。

これは「才」と「徳《とく》」との問題でもあります。

才と徳は上下関係がはっきりしています。才は徳に使われるのです。「頭が悪い」と思われる人であっても、その周《まわ》りに天才や偉人《いじん》が集まることがあります。それは、その人に徳があるからです。「才は徳に使われる」という関係になっているのです。

才能《さいのう》は、知識的なものと、そうとう関係があります。知的な人は才ある人でしょう。才ある人の心を揺《ゆ》さぶり、その人を思いのとおりに動かすには、徳が要《い》るのです。

徳とは何であるかを説明することは難《むずか》しいのですが、「徳とは、霊的《れいてき》な悟《さと》りの総合力《そうごうりょく》である」と言えるでしょう。

あなたが、この総合力を持つときに、才能ある人たちは、あなたの周りに集まり、あなたにかしずき、あなたの意見を聴《き》くのです。

「才能ある人たちが自分の意見を聴かない」と思うときには、「まだ自分に徳がないのだ」と考えなければいけません。その徳を積むための修行《しゅぎょう》があるということです。

6　信仰《しんこう》とは、どのようなものか

【質問】

信仰《しんこう》は、地獄《じごく》ができてから始まったものでしょうか。それとも、地獄ができる前からあったものなのでしょうか。

信仰とは、どのようなものなのか、教えてください。

☆　☆　☆

信仰とは「私は仏《ほとけ》の子です」と言えること

少し逆説的《ぎゃくせつてき》で奇抜《きばつ》な言い方ですが、かつて私は「信仰《しんこう》とは事実の確認《かくにん》である」

と述《の》べたことがあります。

その言葉の真意は、「この大宇宙《だいうちゅう》は根本仏《こんぽんぶつ》が創《つく》ったものである。大宇宙のなかで、人間をはじめとした、いろいろな生き物を生かそうとする、根本仏の意志《いし》があって、生命《せいめい》が生まれた。根本仏が大宇宙を創り、そのなかに生命を生み、育《はぐく》んでいる。その生命が、現象界《げんしょうかい》でのさまざまな魂修行《たましいしゅぎょう》をしている。そのなかで転《てん》生輪廻《しょうりんね》もある。その事実の確認をすることが信仰にほかならない」ということです。

この考えからすると、信仰とは、人間が地獄《じごく》に堕《お》ちるようになってから始まったことではないのです。もっと根本的なものです。

結局《けっきょく》、信仰とは、「あなたは誰《だれ》ですか。どこの家の子ですか」と訊《き》かれ、「私は○○家《け》の子です」と答えているのと同じようなことなのです。すなわち、「あなたは誰ですか」という問いに、「私は仏《ほとけ》の子です。私の親は仏です。神と言われることもありますが、仏が私の親です」と言えることが信仰です。したがって、「自分自身を知る」ということが、実《じつ》は信仰の〝馴《な》れ初《そ》め〟なのです。

信仰は、天国・地獄が分かれてから起きたことではありません。しかし、地獄ができ、地獄に堕ちる人がかなり増《ふ》えてきたために、信仰の必然性《ひつぜんせい》、必要性は、ますます高まってきています。

要するに、信仰とは命綱《いのちづな》のようなものなのです。信仰のロープを伝って、元なる親のところに帰ろうとしているわけです。そのため、地獄ができて以降《いこう》、さらに緊急性《きんきゅうせい》が増《ま》し、信仰はいっそう大事になってきたということです。

信仰は人間の存在《そんざい》の前提条件《ぜんていじょうけん》

逆説的ですが、この世が住みよくなればなるほど、信仰は失《うしな》われていくものでもあります。現代《げんだい》のように、文明が発達し、便利になってくると、この世も、わりに住みやすくなってきます。そうすると、「昔《むかし》、ご恩《おん》を受けた」ということを忘《わす》れてくるわけです。

何千年も前の弥生《やよい》時代や縄文《じょうもん》時代の人々が信仰心を持っていたことは、ほぼ確《かく》実《じつ》です。しかし、それから何千年かたった現代の日本で、最高のインテリと思われている人、たとえば、大変な競争率《きょうそうりつ》の入試《にゅうし》を通って医学部に入り、卒業後《そつぎょうご》、医学部の教授《きょうじゅ》をしている人が、信仰心を持たず、「人間は機械だ。脳《のう》だけが人間の支配者《しはいしゃ》であり、脳の機能《きのう》が止まったら、それで終わりだ」と考えていたりします。

「脳の機能が停止《ていし》してから何カ月も経過《けいか》した人が、子供《こども》を出産《しゅっさん》した」という例があります。医者は、「これは死体が子供を産んだのである」などと主張《しゅちょう》しています。「死体が、生きた子供を産む」ということがあるでしょうか。そんなことは、ありえないことです。ところが、霊的《れいてき》な観点《かんてん》がないと、そのような誤《あやま》った認《にん》識《しき》をしかねないのです。

彼《かれ》らは、「人間は機械と同じだ」と考えているために、「機械は、コンピュータの部分が止まったら、もう終わりである。人間も、脳の機能が止まったら、もう死んでいる。脳の機能が止まった人は、死んだ状態《じょうたい》である」と言います。その〝死体〟が、何カ月もたってから赤ちゃんを産み、その赤ちゃんが元気で生きていても、彼らは、まだ分からないのです。

同じようなことは外国にもあります。欧米《おうべい》などでは、ほとんどの人が魂の存在《そんざい》を信じているのですが、それでも、無脳症《むのうしょう》（大脳など、脳の大事な部分を欠く先天性の異常）の子供が生まれてくると、動いている新生児《しんせいじ》に対して、「これは脳を欠いているから人間ではない。生きていない。死んでいる。これは死体だ」と言って、平気で処理《しょり》をすることがあるのです。

ほんとうに恐《おそ》ろしいことです。「真実を知らない」というのは怖《こわ》いことです。

そのように、現代の人々には、〝利口《りこう》バカ〟というか、「利口になって、かえってバカになった」というような面があります。「いろいろなことを知った反面、肝心《かんじん》なことを知らない。〝問題集〟の最初に出てくる、いちばん大事で簡単《かんたん》なところを知らない」ということです。

信仰というものは、元からあるもので、人間の存在の前提条件《ぜんていじょうけん》です。人間が人間として生かされていることの前提条件なのです。それを踏《ふ》み外《はず》した人が、地獄という、本来であれば行かなくてもよい所に行っているのです。

まず、生きている人を救《すく》う

いま、幸福の科学では、先祖供養《せんぞくよう》などによって、「地獄へ行った人を救《すく》う」ということもしていますが、これは対策《たいさく》が後手《ごて》に回っている状況《じょうきょう》です。地獄に堕《お》ちてからでは遅《おそ》いので、地上に生きているうちに救わなければいけません。

この世で生きているうちに、信仰心を持って正しく生きれば、地獄に行く必要はないのです。まず、生きている人が、しっかりと信仰を持つことが大事です。世界の大宗教《だいしゅうきょう》を見ても、すべて、生きている人のための教えです。死んだ人のための教えは説《と》かれていません。

まず、生きている人を救うことです。そうすれば、あの世へ行ったときに間違《まちが》いがありません。まず、生きている人を救うことが大事であり、そのための教えがあるのです。

現代の日本では、「半分以上の人が地獄に堕ちている」という状況です。しかし、「日本のすべての人が、一冊《いっさつ》は私の著書《ちょしょ》を読んだことがある。一回は私の説《せっ》法《ぽう》を聴《き》いたことがある。一回は幸福の科学のセミナーに出たことがある」という程度《ていど》にまで、私の説く教えが普及《ふきゅう》すると、地獄に行く人もずっと減《へ》って、二、三割《わり》、あるいは、一、二割の人しか地獄に行かなくなるでしょう。

さらに、世の中が、仏法真理《ぶっぽうしんり》の本を何冊も読んで勉強し、その教えを実践《じっせん》して、「人々を幸福にしよう」と頑張《がんば》って生きている人で満ちてきたら、ほとんどの人が地獄に行かなくてもよくなるのです。

それは、そんなに難《むずか》しいことではありません。簡単なことなのです。必要なのは価値観《かちかん》の転換《てんかん》です。信仰心を持つことです。すなわち、「仏がおられ、人間は仏の子なのだ」ということを知り、仏の子としての生き方を実践するだけで、地獄に行かなくて済《す》むのです。そんなに難しいことではありません。

もう一押《ひとお》しなのです。人々に真実を知ってもらい、その真実の下《もと》に生きてもらうことです。そうすれば、人々は地獄に行かなくて済むのです。

真実を知らないために何百年も地獄で苦しんでいる人々がいるのです。かわいそうで、見ていられません。この世で一定の地位を持ったりして普通《ふつう》に生きていた人たちが、地獄に堕ちて苦しんでいるのです。

これは、地上の人間の努力によって救えることなのです。

人類全体に対して、民族全体に対して責任《せきにん》を取る態度《たいど》とは、いったい何でしょうか。それは、やはり、真理を弘《ひろ》めること、伝道することです。生きているうちに教えてあげなければいけません。死んでからでは、なかなか大変なのです。

信仰とは、もともとあるものであり、事実の確認でもあります。また、信仰とは、「『あなたは誰《だれ》ですか』と訊《き》かれ、『私は仏の子です』と言える」ということでもあります。そう言える人々で満ちた世の中をつくりたいのです。

7　信仰《しんこう》と奇跡《きせき》の関係

【質問】

フランスにある「ルルドの泉《いずみ》」のような、信仰《しんこう》による奇跡《きせき》の起きる場所は、日本にもあるのでしょうか。

☆　☆　☆

ルルドの奇跡は場所や水の成分とは関係がない

ルルドの地に聖母《せいぼ》マリアが現《あらわ》れ、その実証《じっしょう》の一環《いっかん》として、「病気が治《なお》る」という奇跡《きせき》が起きました。しかし、実《じつ》は、ルルドの泉《いずみ》自体は、そこで起きる奇跡とは、まったく関係がないのです。泉の水の成分も関係がありません。

ずいぶん多くの人が、その地に行っています。しかし、実際《じっさい》に病気の治る確率《かくりつ》は百分の一もないでしょう。病気が治った例は、ごくわずかです。いろいろな人がルルドに行きますが、そのなかで、奇跡が必要な人には奇跡が現れてくるわけです。それが天上界《てんじょうかい》の計《はか》らいなのです。全員が治るわけではありません。

奇跡が必要な人とは、一つには、仏神《ぶっしん》の証明役《しょうめいやく》として予定されている人です。もう一つには、奇跡が起きることによって、その後《ご》、大きな活動が期待できるような人です。この条件《じょうけん》を満たす人に奇跡が起きるのです。

ノーベル医学・生理学賞《せいりがくしょう》を受賞《じゅしょう》したアレクシス・カレル（一八七三〜一九四四）は、ルルドの奇跡について書いています。彼《かれ》がルルドに行くと、重病人が彼の目の前でパッと治ったのです。それは、天上界が、そういうことを彼に書かせたかったからです。彼の目の前で、末期症状《まっきしょうじょう》の病人が、ほんとうに治ってしまったので、彼は、それについて書き、その話が全世界に広がったのです。

このように、その泉にまつわる高級霊《こうきゅうれい》たちが、伝道の観点《かんてん》から奇跡現象《げんしょう》を起こしているのです。彼らは、奇跡が必要だと思われる人に対して奇跡を起こし、そうでない人には奇跡を起こしません。

「日本にそういう場所はあるか」という質問《しつもん》ですが、そのような現象は、むしろ、ローカルな宗教《しゅうきょう》でよく起きるでしょう。

水神信仰《すいじんしんこう》など、地方の市町村で起きるローカルな宗教があります。そういう宗教には、よく「病気が治る水」などと称《しょう》するものがあったりします。それによって病気が治ることもありますが、ただ、それは水に力があるわけではありません。そこの守護神《しゅごしん》、指導霊《しどうれい》をしている霊人《れいじん》のなかに、奇跡現象を司《つかさど》っているものがいて、奇跡を起こすかどうかについては彼らが決めているのです。

したがって、場所も、水や木や砂《すな》なども、ほんとうは関係がありません。そういうものは、縁《えん》をつくっているだけのことで、奇跡とは関係がないのです。

信仰心《しんこうしん》は奇跡を起こす原動力になる

宗教の支援霊団《しえんれいだん》、指導霊団は、「奇跡を起こそう」と思えば、いつでも、どこででも起こせます。ただ、彼らは賢《かしこ》いので、よく考えた上で、それを行《おこな》っています。

当会においても、あちこちで、そのような現象が起きていますが、あえて大きくは取り上げていません。

たとえば、私の法話《ほうわ》の映像を観《み》ただけで病気が治る人もいます。奇跡が当会の活動の中心になれば、そういうことは数多く起きてくるはずです。しかし、そちらを中心にはしていません。

なぜかといえば、そうなると、信者たちが勉強をしなくなるからです。奇跡がたくさん起きると、「ああ、おもしろい」と言って、そのことばかりに夢中《むちゅう》になり、勉強をしなくなるので、抑《おさ》えをかけています。

奇跡については、あまり起きると、地上の人間たちがおもしろがり、期待しはじめるので、支援霊、指導霊によって調整がなされています。

ほんとうは、支援霊団、指導霊団が本気で「やろう」と思ったならば、あらゆることが可能《かのう》です。ただ、三次元世界は霊界《れいかい》とは違《ちが》う世界なので、奇跡は一定の例外としてのみ許《ゆる》されており、それをどういうかたちで起こすかは、ほとんど彼らの判断《はんだん》にかかっているのです。

もっとも、信仰心《しんこうしん》とのかかわりで言えば、「信ずる者のところに奇跡を起こしたい」ということは彼らも考えています。どうしても、そういう面があるので、「信仰心は奇跡を起こす原動力になる」と言えます。

実際《じっさい》、あの世の霊は、地上の人からの呼《よ》びかけに応《こた》えることがあります。

たとえば、私があの世に還《かえ》ったとして、地上の人たちのなかに、とても強い信仰心で私の名を呼びつづける人がいたならば、その度合いによっては、私は地上に出てくるかもしれません。「忙《いそが》しいけれども、あんなに言っているから、行こう」と思うかもしれないのです。しかし、その呼びかけが中途半端《ちゅうとはんぱ》なものであれば、「そのうちに問題は解決《かいけつ》するだろうから、行かなくてもよいのではないか」と思って、地上に来ないかもしれません。そういう面はあります。

そのように、信仰心は、あの世の力を引っ張《ぱ》ってくる大きな原動力になるのです。

第4章

愛は風の如《ごと》く——"Love Blows Like the Wind"

1　ギリシャ神話の神ヘルメスの真実

幸福《こうふく》の科学《かがく》だけが伝えている真《しん》のヘルメス像《ぞう》

幸福《こうふく》の科学《かがく》が製作《せいさく》し、二〇〇三年十月に公開された、映画《えいが》「黄金《おうごん》の法」（製作総指揮・大川隆法）は、海外でも上映《じょうえい》され、それを観《み》た海外の人々から、「映画のなかに登場してくるヘルメス神《しん》について、もう少し詳《くわ》しく知りたい」という意見が寄《よ》せられました。

そこで、本章では、ヘルメスについて述《の》べることにします。

映画「黄金の法」にはモーセやイエス・キリストも登場しますが、彼《かれ》らについては、よく知っている人も多いでしょう。

一方、ヘルメスについては、おそらく、ほとんどの人が、「ギリシャ神話に出てくるオリンポス十二神のなかの一人である」という程度《ていど》の知識《ちしき》しか持っていないのではないでしょうか。確《たし》かに、ヘルメスについて、現代《げんだい》には、そのようなかたちでしか伝わっていません。

しかし、幸福の科学が伝えているヘルメス像《ぞう》は、ギリシャ神話のものとは違《ちが》っています。もちろん、当会の人以外で、そのようなヘルメス像を語った人はいないので、当会が伝えているヘルメス像は、まったくオリジナルのものであると言ってよいでしょう。

その意味で、「映画で観たヘルメス像がよく分からない。あのようなヘルメス像は初めてだ」という感想には納得《なっとく》できます。そのとおりであろうと思います。

私は、以前、自分自身のなかにある、はるか昔《むかし》の過去世《かこぜ》の記憶《きおく》をよみがえらせて、ヘルメスの物語を書き下ろしました。それは、本章の章題と同じ『愛は風の如《ごと》く』（全四巻、幸福の科学出版刊）という題名の本です。

この本は、まだ外国語に翻訳《ほんやく》されていないので、海外の人々の多くは、その内《ない》容《よう》を知らないかもしれません。しかし、この本を原作とする映画「ヘルメス――愛は風の如く」が、すでに、一九九七年に製作され、日本国内や海外で公開されています。

それは、新しいギリシャ神話であり、また、現代によみがえった、新《あら》たな英雄《えいゆう》伝説でもあります。

ゼウスより数百年も前に活躍《かつやく》した指導者《しどうしゃ》

それでは、当会で説《と》かれているヘルメス像とは、どのようなものでしょうか。

時は、いまから四千三百年の昔に遡《さかのぼ》ります。

ヘルメスは、ギリシャ神話の内容とは違って、実際《じっさい》には、ゼウスよりかなり古い時代の人です。「ヘルメスはゼウスより数百年も前の人である。ヘルメスは、いまから四千三百年ほど前に生まれて活躍《かつやく》をし、その後《ご》、数百年たって、ゼウスが生まれた」と私は述べています。

現代に伝わっているギリシャ神話では、ほとんどの神々がゼウスの子供《こども》であるかのようになっていますが、それは、現代人の感覚から考えても、ありえないことです。そこに描《えが》かれているゼウス像は、あまりにも人間的なゼウス像です。神話を編《あ》むにあたって、「ゼウスが、さまざまな女性たちを妻《つま》にして、たくさんの神を生んだ。そのなかの一人がヘルメスである」ということにしているわけです。

これについて、私は、「ヘルメスという指導者《しどうしゃ》がいて、ヘルメス教団《きょうだん》があった。それから数百年たって、ゼウス教団ができ、そのゼウス教団が自分たちを中心に神話をつくり直した」と考えています。

ヘルメスの特徴《とくちょう》

そこで、まず、「ヘルメスは、どのようなことをしたか」ということを述べたいと思います。

ヘルメスは、地《ち》中海《ちゅうかい》に浮《う》かぶ、ギリシャのクレタ島に生まれました。クレタ島の東の端《はし》にあって、現在《げんざい》はシティアと呼《よ》ばれている町に生まれたのです。彼は、このクレタ島を足場としてギリシャ統一《とういつ》へと向かっていった英雄です。

彼の特徴《とくちょう》は幾《いく》つかありますが、第一に挙《あ》げるべき点は、「愛ということを非常《ひじょう》に強く打ち出した」ということです。

「イエス・キリスト生誕《せいたん》の二千年以上も前に、地中海を中心として、愛の思想が説かれた」ということは、思想上も重大な意味があると考えます。

ヘルメスの特徴として、第二に挙げるべき点は、「霊界《れいかい》思想を説き、あの世の世界についての説明をかなり詳しく行《おこな》った」ということです。

現代においても、ギリシャ神話のなかで、「ヘルメスは霊界とこの世の通信役である」と言われています。それが、「彼は霊界について数多く語っていた」ということの痕跡《こんせき》です。

ヘルメスは、実際に、この世ならざる世界、あの世に旅行して帰ってくることのできる人であったのです。これは、現代的には、よく「体外離脱《たいがいりだつ》」とも言われていますが、「魂《たましい》が体から遊離《ゆうり》し、実在《じつざい》世界を見て帰ってくる」ということです。

近代では、ヨーロッパのスウェーデンボルグ（一六八八〜一七七二）が、そのような体験をしたことが報告《ほうこく》されています。

これもヘルメスの特徴の一つです。

それから、第三に挙げるべき特徴は、現代においても知られているように、「商業の神である」ということです。

オランダのアムステルダムの港には、十八世紀の貿易用帆船《ぼうえきようはんせん》の複製《ふくせい》があり、その船尾《せんび》の側面《そくめん》にはヘルメスの像があります。商業の繁栄《はんえい》を願《ねが》ってヘルメスを祀《まつ》っているわけです。日本でも、商業を中心とした学問を教える学校には、ヘルメスの像があることがあります。このように、ヘルメスは、現在でも、経済《けいざい》の神、繁栄の神として、その名をとどめています。

なぜ、そういうかたちで名が遺《のこ》っているかというと、地中海を中心とする、いわゆる「地中海貿易」を本格的《ほんかくてき》に発明したのが、このヘルメスだからです。

クレタ島は、ちょうど、地中海東部の真ん中あたりに浮かんでいる島であり、「ギリシャ本土よりも南で、エジプトよりも北」という位置にあります。そのため、この島を中心として、ヘルメスは、ヨーロッパ内陸部やアフリカ北部などとの交易《こうえき》を行っていたのです。この地中海世界の繁栄が、その後のヨーロッパの繁栄につながっていったと言ってよいのです。

2　エジプトでも神として尊敬《そんけい》されたヘルメス

エジプトの神話に現《あらわ》れる、ただ一人のギリシャの神

「ギリシャの数多くの神々のなかで、ヘルメスが、その中心的な存在《そんざい》であった」ということに対して、「まだ、よく分からない」と言う人も多いでしょう。しかし、その証拠《しょうこ》とも言うべきものがあるのです。それは、地中海《ちちゅうかい》を挟《はさ》んでギリシャと隣接《りんせつ》する国エジプトに遺《のこ》っている伝説です。

エジプトの最盛期《さいせいき》は、「イエス・キリストが生まれる二千数百年ほど前、すなわち紀元前《きげんぜん》二千数百年ごろから、ちょうどクレオパトラ女王の時代である紀元前一世紀まで」と言われています。このエジプトの最盛期は、ギリシャの最盛期と、

時期的に、かなり共通しています。

このエジプトの神話や伝説の内容《ないよう》を見ると、そこに現《あらわ》れてくるギリシャの神は、ただ一人しかいません。それが誰《だれ》であるかというと、ヘルメスなのです。

エジプト人たちは、「ヘルメスはギリシャ人である」ということを認識《にんしき》していました。そして、「この世を去って霊界《れいかい》にいるヘルメスという霊人《れいじん》が、エジプトの人々を指導《しどう》している」という認識を持っていました。「ギリシャ人であるヘルメスが霊界からエジプトの人々を宗教的《しゅうきょうてき》に指導している」ということを知っていたのです。

エジプトの最盛期であった、紀元前二千数百年ごろから紀元前一世紀までの時代は、エジプトに、さまざまな王（ファラオ）が出ていた時代であり、現代人《げんだいじん》の認識する、いわゆる「ピラミッドの時代」も、この時代に属《ぞく》しています。

この時代と、ギリシャ神話の神々の多くが地上に出ていた時代は、実《じつ》は重なっています。ギリシャ神話の神々は、実際《じっさい》には、人間として地上で生きていたことのある人たちなのですが、このギリシャの神々と、最盛期のエジプトの王たちとは、ほぼ同時代に地上に出ていました。そのため、ヘルメスを除《のぞ》いて、ギリシャの神々はエジプトの神話や伝説には登場しないのです。

ゼウスなどのオリンポス十二神《しん》がギリシャで活躍《かつやく》した時代は、エジプトがピラミッドを中心にして発展《はってん》・繁栄《はんえい》した時代と重なっています。同時代の人であるからこそ、エジプトの人たちはゼウスたちを神とは認識しませんでした。

しかし、ただ一人、ヘルメスだけは、神人《しんじん》、神とも言うべき人間として、エジプトの人たちから尊敬《そんけい》されていたのです。

ヘルメスとトスが霊界《れいかい》からエジプトを指導《しどう》した

エジプトの人たちは、「ギリシャ人であるヘルメスは、はるかなる昔《むかし》、エジプトの始まりにおいて、智慧《ちえ》の神と言われた、トートの神でもある」ということを、固《かた》く信じていました。

トートの神は、まさしく、エジプトの文明が始まるころの神です。その姿《すがた》はエジプトの遺跡《いせき》にも描《えが》かれています。

幸福の科学の研究によれば、このトートの神は、すでに地上から姿を消しているアトランティス大陸に生まれた、トスという人であることが分かっています。そのアトランティス大陸から逃《のが》れてきてエジプトに住み着いた人たちが最初に信《しん》仰《こう》していた神が、トート、トス神なのです。

エジプトの人々は、「エジプトを指導《しどう》した、智慧の神であるトート神が、のちに、ギリシャにヘルメスとして生まれた。その後《ご》、ヘルメスとトートが協力し、霊界《れいかい》において一体となり、エジプトの二千年以上の繁栄をつくった。特《とく》に宗教的な指導をなした」と考えていました。

これに関しては、神話的なものではなく歴史的事実として、「ヘルメス文書《もんじょ》」という記録がはっきりと遺《のこ》っています。

エジプト人たちは、トート神を、「霊界において秤《はかり》によって判定《はんてい》された、人間の魂《たましい》の善《ぜん》と悪を記録する神」として認識し、「トート神が、『その人の生前《せいぜん》の人生において、善なることが多かったか、悪なることが多かったか』を記録し、その人の死後の行き先を決めている」と考えていました。その意味で、トート神は、エジプト人にとって非常《ひじょう》に怖《こわ》い神でもあったわけです。

このトス（トート）とヘルメスに共通しているものは、「霊界から、この世を指導する」という強い意識《いしき》です。

「復活《ふっかつ》の思想」の起源《きげん》はエジプトにある

このトスとヘルメスの思想は、エジプトの宗教において、「復活《ふっかつ》の思想」として遺っています。それは、要するに、「死んだ人が、この世に生まれ変わる。死んだ人が生き返る」という思想です。

ただ、この世の人間は、この思想を誤解《ごかい》して、「ミイラをつくり、死んだ人間の肉体を灰《はい》にしないで遺しておけば、魂が戻《もど》ってきて、よみがえる」と考えていました。「王のミイラに魂が戻ってくる」などというかたちで、ミイラによる「復活の思想」を考えていました。

実は、このエジプトの「復活の思想」が、キリスト教における「イエスの復活」という思想につながっているのです。

キリスト教における「復活の思想」は、「十字架《じゅうじか》にかかったイエスが、その後、復活した」というものです。

ただ、『聖書《せいしょ》』には、イエスは肉体を伴《ともな》って生き返ったかのように書かれていますが、「現実《げんじつ》には、肉体を伴った復活ではなく、霊的《れいてき》なる復活であった」と私は考えています。

この「復活の思想」そのものは、実は、キリスト教のオリジナルではなく、エジプト起源《きげん》のものなのです。

近代のスイスに生まれた思想家カール・ヒルティ（一八三三～一九〇九）は、「復活の思想こそ、キリスト教の思想の中心である」ということを述《の》べていますが、そのとおりであろうと思います。

もし復活の思想がなかったら、「イエスは、罪人《ざいにん》と一緒《いっしょ》に十字架にかかり、処《しょ》刑《けい》された」というだけで終わったはずです。「イエスは、十二人の弟子《でし》を伴って伝道したにもかかわらず、最後は、ただ一人になり、十字架にかかって死んだ」ということで話が終わっていたら、その後二千年も続くキリスト教は起きなかったに違《ちが》いありません。

キリスト教が、これほどまでに大きな宗教として世界に広がった理由の根本《こんぽん》には、この「復活の思想」があります。この思想がなければ、「イエスは、単なる罪人として、政治的《せいじてき》な思想犯《しそうはん》として死んだ」ということになり、それ以上の霊的な力を発揮《はっき》することはできなかったでしょう。

彼《かれ》の復活を実際に見た人は数多くいます。『聖書』には、「五百人以上の人が目撃《もくげき》した」と書かれています。数多くの同時代人が目撃したのでしょう。

そのイエスの復活が、『聖書』に書かれているように、肉体を持った復活であり、弟子のトマスが傷口《きずぐち》に触《さわ》ろうと思えば触ることもできたほどのものであったかどうかは別《べつ》として、少なくとも、「処刑されたイエスが、生きているかのようなかたちで弟子たちの前に姿を現した」ということは事実でしょう。そのように彼らには見えたはずです。

キリスト教の救世《きゅうせい》運動の原点には、この「イエスの復活」に対する確信《かくしん》があります。

しかし、この「復活の思想」そのものは、前述《ぜんじゅつ》したとおり、エジプトから来ています。そして、エジプトの宗教思想をつくったのは、トスとヘルメスという、二人にして一体の霊人なのです。

そういうことがキリスト教の「復活の思想」の元に流れています。

この意味において、キリスト教の源流《げんりゅう》にあるものを探《さぐ》ってみると、「ヘルメスの思想が、ギリシャ、エジプト、イスラエルというように流れてきている」と言えるのです。

これが、神秘《しんぴ》思想としての「復活の思想」に関する、私の考えです。

3　この世とあの世の両方に責任《せきにん》を持った存在《そんざい》

ヘルメスとイエスの違《ちが》い

イエスはヘルメスと同じように愛の教えを説《と》いてはいるのですが、両者には、若干《じゃっかん》、違《ちが》いがあります。

イエスが、愛の教えにおいて、いちばん大事にしていたものは、やはり、神への愛です。目に見えない神への愛、また、神を愛していることの証明《しょうめい》としての、隣人《りんじん》への愛、隣人《となりびと》への愛でした。

そして、イエスは、この世のことに関しては、あまり多くのことを期待していなかったと思われます。彼《かれ》の求《もと》める、神の国、天の国は、この世のものではありませんでした。彼の求める、真《しん》なる霊《れい》の国、ユートピアは、この世のものではなかったのです。

しかしながら、イエスより二千年余《あま》り昔《むかし》、ギリシャで活躍《かつやく》したヘルメスの愛の思想は、実《じつ》は、「この世にも、その証《あかし》を立てる」というものでした。イエスは、この世にユートピアを建設することを諦《あきら》めましたが、ヘルメスは、「ユートピアの世界を、あの世だけでなく、この世にも打ち立てる」という思想を持っていたのです。

ヘルメスは、前述《ぜんじゅつ》したとおり、非常《ひじょう》に霊界《れいかい》に詳《くわ》しい、霊的な存在《そんざい》でしたが、もう一方において、この世に通用する合理的な思想を強く持っている人でもありました。

その背景《はいけい》には、「王家《おうけ》に生まれ、王となるべき人間として育てられた」という事実があります。これは、ヘルメスだけでなく、ヘルメスの、のちの世における転生《てんしょう》の姿《すがた》であるゴータマ・シッダールタ（釈尊《しゃくそん》、仏陀《ぶっだ》）にも言えることです。そのため、この世において、かなりのことを実現《じつげん》する力を持っていたのです。

ヘルメスは、愛の人でもありましたが、実際《じっさい》には、軍隊《ぐんたい》を指導《しどう》する能力《のうりょく》もありました。また、人々を富《と》ませる力も持っていました。人々を豊《ゆた》かにする智慧《ちえ》を持っており、この世において、人々の生活を豊かにし、人々の心を豊かにすることができたのです。

その意味で、「イエスは、実は、ヘルメスの教えの半分ぐらいしか伝えきれなかった」と言うべきかもしれません。

それは、この世における人間の生涯《しょうがい》として見たときに、ヘルメスが、完成の人であり、この世において自分の事業を最終的に実現した人であったのに対して、イエスが、「三十三歳《さい》の若《わか》さで、この世を去る」という、悲劇《ひげき》の最期《さいご》を遂《と》げた人であったことと関係があると思います。

「エル・カンターレ」という存在の特徴《とくちょう》

「宗教家《しゅうきょうか》として、この世において事業を全《まっと》うできるかどうか。完成できるかどうか」ということは、「その人が、どれほど合理的思想を持っているか」ということとかかわっています。

宗教的で霊的なる人は、たいていの場合、合理的な思想を持っておらず、神秘《しんぴ》的《てき》な思想、摩訶不思議《まかふしぎ》な思想を持っています。

神秘思想と合理思想とを両立させるのは非常に難《むずか》しいことであり、人は、そのどちらかに必ず傾《かたむ》くことになっているのです。

しかし、ヘルメスは神秘思想と合理思想の両方を持っていました。

同じことは、ヘルメスの転生《てんしょう》の姿であるゴータマ・シッダールタにも言えます。彼は、神秘的な思想を持っていると同時に、この世における合理的な思想も持っていました。

これが、ヘルメスやゴータマ・シッダールタとして転生した魂《たましい》の持っている、一つの特徴《とくちょう》なのです。すなわち、この魂は、あの世とこの世の両方に責任《せきにん》を持っている存在であるということです。

あの世における幸福、来世《らいせ》における幸福を説くだけでも、宗教の使命《しめい》としては充分《じゅうぶん》でしょう。しかしながら、あえて、この世をも、ユートピア、幸福な世界に変えようと努力する人たちがいるのです。

そういうことを考える魂は、どのような魂であるかというと、「人間がこの世へ生まれ変わってくる」ということの、そのオリジナルの計画をつくった存在の考えを、体現《たいげん》している魂であると言わざるをえません。

これは、「この世とあの世を貫《つらぬ》く幸福を実現しようとしている、霊的なる存在がある」ということを意味しています。この存在のことを、幸福の科学では「エル・カンターレ」と呼《よ》んでいます。
エル・カンターレは、この世とあの世の両方に責任を持っている存在なのです。

4 「透明《とうめい》な風」のような愛

「霊的《れいてき》な思想」と「繁栄《はんえい》の思想」の両立

ここまで述《の》べてきたことでも分かるでしょうが、「霊的《れいてき》な思想」と「この世における発展《はってん》・繁栄《はんえい》の思想」の両立、調和ということが、大きな目標《もくひょう》となるわけです。

確《たし》かに、霊的で、愛に生きる人は、この世的には、不器用《ぶきよう》で、失敗することが多いように思います。

一方、この世において、経済的《けいざいてき》に繁栄して成功《せいこう》する人は、どちらかといえば、霊的な感覚を忘《わす》れ、愛を忘れ、我欲《がよく》、自己保存欲《じこほぞんよく》のままに生きていることが多いようにも見えます。

そういう意味で、自我《じが》我欲というか、自己拡張欲《かくちょうよく》の強い人ほど、この世においては成功しやすく見えるきらいがあります。多くの人の目にも、そう見えていることでしょう。

要するに、「この世的な人間ほど、この世において成功しやすい」ということです。「この世において、大金持ちになりたい」「この世において、出世《しゅっせ》したい。高い地位を得《え》たい」「この世において、権力《けんりょく》を持って人々を支配《しはい》したい」という思いを強く持っている人が、この世において成功しているように見えます。

それに対して、宗教的《しゅうきょうてき》な人は、「この世における成功は諦《あきら》めて、来世《らいせ》の幸福に望みをつなぐ」ということが多いのではないでしょうか。その意味で、「あの世的である」ということは、この世への諦めをも含《ふく》んでいると言えるかもしれません。

ヘルメスは、「霊的であることと、この世的に成功することの両立」という難《むずか》しいテーマに、あえて挑《いど》んだ人なのです。

「透明《とうめい》な風」とは愛を表《あらわ》す言葉

ヘルメスに、この二つのテーマを両立させたものは何でしょうか。それは、ヘルメスの思想の根本《こんぽん》になるものであり、本章の章題でもある「愛は風の如《ごと》く」という言葉で象徴《しょうちょう》されるものなのです。

ヘルメスの思想によれば、「愛というものは、あの透明《とうめい》な風のようなものである。風は、どこからともなく吹《ふ》いてきて、吹き過《す》ぎていく。透明で、その姿《すがた》を見ることはできない。しかしながら、風は、吹いているからこそ風なのであって、吹くことを止《と》めれば、風ではなくなる」ということです。

この思想のなかに、実《じつ》は、重大な鍵《かぎ》が隠《かく》されています。「透明な風」という言葉で表現《ひょうげん》されている思想とは、いったい何でしょうか。この言葉は、「愛」を表《あらわ》す言葉として使われているのです。

いま、アメリカやヨーロッパでは、「愛」という言葉を考える際《さい》に、「愛というものは、明らかに相手に分かるように表現しなければならない。そうでなければ、相手は納得《なっとく》しない」と考える面があるようです。

彼《かれ》らは、夫婦《ふうふ》の愛においても、「いかに相手を愛しているかを、かたちで表現しなければ、その愛は本物ではない」と思っています。そして、「プレゼントをする」「一緒《いっしょ》に食事をする」「『私はあなたを愛しているよ』と言葉で何度も言う」などという方法によって愛を確認《かくにん》しています。口に出して言わないと分からないし、あるいは、言葉だけで分からなければ、「抱《だ》き合う」「キスをする」など、とにかく、目に見えるかたちで表現しないかぎり、愛について理解《りかい》も納得もしません。それで、「あなたが、ほんとうに私を愛しているとは、信じられない」と言ったりします。おそらく、そのようなかたちになっていることが多いでしょう。

しかし、それは目に見える愛です。「誰《だれ》が誰を愛しているか」ということが目に見えて分かり、他《た》の人にも確認できる愛です。

たとえば、夫が、妻《つま》を愛していることを証明《しょうめい》するために、指輪《ゆびわ》やネックレスなどのプレゼントを渡《わた》したり、ホテルで一緒に豪華《ごうか》な食事をしたりします。あるいは、父親が、息子《むすこ》を愛していることを証明するために、休日には、一緒に野球をしたり、息子が野球をしているところを必《かなら》ず見に行ったりします。そういうスタイルで、「愛している」ということを具体的《ぐたいてき》に表現するのです。

このようにして、目に見えるかたちにしないかぎり、愛しているとは言えないと考えるのです。そのため、目に見える愛情表現が少なくなってくると、すぐ夫婦の離婚《りこん》になったりすることが多いわけです。

これは残念なことであり、霊感《れいかん》がほとんどないと言わざるをえない状況《じょうきょう》です。

天使の仕事は透明な愛そのもの

なぜヘルメスは透明な風の如《ごと》き愛を説《と》いたのでしょうか。それを考えてみていただきたいのです。

「透明なもの」とは何でしょうか。それは、言葉を換《か》えて言うならば、「霊体《れいたい》」であり、「霊」であり、「魂《たましい》」です。そういう存在《そんざい》について考えてみてください。

あなたがたのうち、ほとんどの人は、あの世の霊存在が目に見えないでしょう。ただ、「自分には守護霊《しゅごれい》がいる。光の天使たちが、常《つね》に、自分たちを助けようとしている。自分たちを指導《しどう》しようとしている」ということは、思想として、頭では考えたことがあるかもしれません。

しかし、一度、彼らの気持ちになって考えてみてください。

実際《じっさい》に、目に見えない霊存在が、あなたがたを助けようとしています。あなたがたが幸福になるように手助けしようとしています。あなたがたが不幸の道を選《えら》ばないように、一生懸命《いっしょうけんめい》、あの世から応援《おうえん》し、あなたがたを導《みちび》いています。あなたがたが、間違《まちが》ったことをして、悪霊《あくれい》やサタンなどに支配《しはい》されるようになったときには、それと戦ってくれてもいます。

彼らは、現実《げんじつ》に、あなたがたを幸福にするために、日夜《にちや》、努力しているのです。

ところが、あなたがたは彼らの姿を見ることはできません。彼らがいるのかいないのかさえ分かりません。その存在が分からないから、彼らに感謝《かんしゃ》もしません。

したがって、あなたがたに「愛」という思想を教えるときに述べておきたいことは、次のようなことです。

愛というものは、この世においては、確《たし》かに、目に見えるようなかたちでしか表《あらわ》せないかもしれません。しかし、やがて、あなたがたは、この世を去り、あの世に還《かえ》ります。あなたがたが、あの世において、地獄《じごく》ではない、天国、天界《てんかい》という世界に還り、光の天使、あるいは、それに近い存在になったとして、あなたがたがする仕事は何でしょうか。透明な愛そのものなのです。

あなたがたの姿は目に見えません。あなたがたは感謝もしてもらえません。あなたがたが、そのような仕事をなしていることは、相手には分かりません。それでも、相手のことを思って、人のことを思って、その幸福を願《ねが》って、ずっと熱意を注《そそ》ぎつづけるのです。これを、透明な風の如き愛と呼《よ》んでいるわけです。あなたがたは、やがて、そのような存在になるのです。

この透明な風の如き愛というものを認識《にんしき》できなければ、あなたがたが天使になることはありません。天使たちの仕事は、まさしく、そのとおりのものです。

彼らが、そのような仕事をなしていることを、誰が分かっていますか。誰が知っていますか。誰も知らないでしょう。彼らが教会で指導をしていることも、戦争が起きている所で人々を慰《なぐさ》めている現実も、分からないでしょう。世界を平和にするために彼らが働きかけていることも、分からないでしょう。

彼らは現実に活動しているのです。数多くの天使たちが仕事をしています。しかし、彼らの活動を、この世の人は見ることができません。まさに透明な愛です。

それでも、彼らは活動をやめません。たとえ、この世の人が、それを理解できなくても、彼らの存在を認識していなくても、あるいは、「天使など存在しない。あの世など存在しない。霊など存在しない」と否定《ひてい》していても、彼らは地上の人たちを助けることをやめません。

彼らは、ちょうど、あの風のように、透明に吹き渡《わた》っていっているのです。「自分の存在を人々に見られることはない。しかし、それが通り過ぎた感覚だけは人々に残る。人々を幸福にしようとする思いが、地上の人たちを通じて、この世に実現《じつげん》されようとしている」、そういう愛が天使たちの愛です。

ヘルメスの説いている、透明な風の如き愛は、結局、天使の愛のことなのです。

見返りを求《もと》めない「無償《むしょう》の愛」

一方、人間の愛とは何でしょうか。人間の愛とは、前述《ぜんじゅつ》したとおり、目に見える愛です。そして、人に対して、もちろん、何か努力をして愛そうとするでしょうが、相手からも何かを求《もと》めているのではありませんか。必ず見返りを求めているはずです。

「夫の妻《つま》に対する愛」といっても、当然、その見返りとして、妻が自分を愛してくれることを考えているでしょう。「妻の夫に対する愛」といっても、当然、見返りを考えているでしょう。「隣人《りんじん》への愛」といっても、やはり、隣人から何か見返りが来ることを考えているでしょう。そうではないでしょうか。

ボランティア活動をしている人もたくさんいますが、そういう人には、多くの場合、おそらく、それに伴《ともな》う名誉《めいよ》などを求める気持ちがあるでしょう。それは、「この世的には愛として認《みと》められることであっても、霊的に、あの世的に見たら、まだ本物ではないものがある」ということです。

もちろん、そのような気持ちがあったとしても、何もしないよりはよく、人に対して親切にすること、人を助けてあげることは大事なことです。

しかし、その行為《こうい》のなかに、自我我欲、自己保存欲、「自分によかれ」という思いが入っていたら、その愛は、風が砂《すな》を含《ふく》んでいるようなものになります。ちょうど砂嵐《すなあらし》のような風です。「透明な風のなかに砂塵《さじん》が混《ま》じっている」というように見えるものだと思います。それが、「自分によかれ」という思いが入っている場合です。

天使の愛は、そういうものではありません。一生懸命《いっしょうけんめい》、尽《つ》くす愛です。与《あた》える愛です。無償《むしょう》の愛です。与えきりなのです。一方的に与える愛なのです。何かを貰《もら》おうとする愛ではありません。

この世において、よいことをしているようでも、人からの称賛《しょうさん》を求めたり、自分の出世を求めたり、その対価《たいか》としてのお金を求めたりしているようであっては、ほんとうの意味での「天使の愛」とは言えないのです。

この世においてもユートピアをつくる

ヘルメスが説いた愛は、そのような「天使の愛」であったのです。

ヘルメスは、その無償の愛に基《もと》づいて、この世においてもユートピアをつくろうとしました。この世において理想の世界をつくろうとしました。この世の世界において発展を目指《めざ》したのです。この世において諦《あきら》めなかったのがヘルメスです。

彼は、この世においても、調和ある世界をつくりたいと思ったのです。

これがヘルメスの考えです。

そういう幸福な世界は、現実には、来世《らいせ》、あの世において、もうすでに存在《そんざい》しています。

あの世の世界は、天国と地獄という二つの大きな世界に分かれています。天国という世界は、光に満ち、幸福な人たちが住んでいる世界です。この世界は、地上に人間として生きていたときに、光に満ち、善《ぜん》なる思いを持って生きた人が還《かえ》る世界です。

一方、地獄という世界は、どういう所でしょうか。「自分自身のため、我欲のために生きて、他の人を自分の犠牲《ぎせい》にし、傷《きず》つけたり、殺したり、駄目《だめ》にしたりする」ということを当然と思い、「それでも、自分がよければいい」と思って生きた人たちが、地獄という世界に堕《お》ちているのです。

あの世には、こういう二つの世界があります。

天国という世界は、幸福な世界であり、ユートピアの世界です。したがって、単に「その世界に還ればよい」というだけのことであるなら、確かに、それで、話としては終わりです。

しかしながら、天国・地獄が生まれた原因《げんいん》は、この地上にあります。この地上に人間として生きているあいだの生き方、考え方が、天国と地獄を分けているのです。そのため、この地上そのものを理想的なものにしないかぎり、地獄がなくなることはありません。

地上でそれをしなければ、仕事を来世に延《の》ばしただけのことになります。

天使たちは、あの世においても、地獄界、キリスト教的には「煉獄《れんごく》」ともいわれている世界に行って、救出《きゅうしゅつ》作業をしています。それは大変な修行《しゅぎょう》です。彼らは、毎日毎日、大変な仕事をしています。

私は、そういう天使たちの仕事を、もっともっと楽なものにするためにも、「仏法真理《ぶっぽうしんり》に目覚《めざ》めて理想郷《りそうきょう》をつくろうとする人たちを、この世において数多くつくらなければいけない」と考えているのです。

5　地球人としての悟《さと》りに目覚《めざ》めよ

ヘルメスの思想と仏陀《ぶっだ》の思想とを併《あわ》せた教え

幸福の科学の教えは、ギリシャのヘルメスの思想と、インドの仏陀《ぶっだ》の思想とを併《あわ》せたようなところがあり、この二つが中心になっています。

幸福の科学では、総本山《そうほんざん》・正心館《しょうしんかん》（栃木県宇都宮市）をはじめとする精舎《しょうじゃ》を全国各地に数多く建てていますが、それらの精舎の外見を見れば、その多くは、紛《まぎ》れもなくギリシャ建築《けんちく》です。

「宗教《しゅうきょう》というものは、建物を建てはじめたときに、そのルーツ（根源）がよく分かる」と言われていますが、当会の建物を見れば、「幸福の科学は、ギリシャが起源《きげん》の宗教である」ということは、明らかに分かります。

「ギリシャ的な建物のなかで、仏教的《ぶっきょうてき》な修行《しゅぎょう》、インド的な修行を行《おこな》っている」というのが幸福の科学の姿《すがた》です。そのように、「外側《そとがわ》はヘルメス的な姿をとっていて、内側《うちがわ》に仏陀的な思想を持っている」というのが当会の姿であると考えられます。

こういうかたちで、現在《げんざい》の幸福の科学のあり方を理解《りかい》していただければよいでしょう。

西洋と東洋を融合《ゆうごう》させた「地球的な規模《きぼ》の宗教《しゅうきょう》」を

幸福の科学は、イエス・キリストも成《な》し遂《と》げることのできなかったこと、すなわち、「愛と発展《はってん》という二つの考えの融合《ゆうごう》、協調、そして、この世における実現《じつげん》」ということを求《もと》めています。さらに、地上で人生修行をしている人間の魂《たましい》を磨《みが》くために、「悟《さと》り」という仏教的なことも強く訴《うった》えかけています。これは、いま西洋に欠《か》けているものでしょう。

ヘルメスは西洋思想の源流《げんりゅう》になりました。仏陀は東洋思想のなかの核《かく》とも言うべき存在《そんざい》です。この西洋の核と東洋の核が、実《じつ》は、共《とも》にエル・カンターレという霊存在《れいそんざい》から出ているものであることを知ったとき、人類は地球人としての悟りに目覚《めざ》めざるをえないのです。「西洋も東洋も元は同じだったのだ」ということを知っていただきたいと思います。

二つに分かれて発展した思想を、私は、いま、統一《とういつ》し、融合させようとしています。そして、次なる「地球的な規模《きぼ》の宗教《しゅうきょう》」をつくろうと考えています。いま、キリスト教とイスラム教は、対立する関係に近づきつつあります。仏教も充分《じゅうぶん》な救済力《きゅうさいりょく》を持っていません。

それぞれの民族を分かったものは基本的《きほんてき》には宗教でしょう。宗教が民族を分かったのであるならば、民族を一つにまとめることもまた、宗教の仕事でなければなりません。

世界の人類を、一つのユートピア郷《きょう》に存在する人間として、幸福な世界に生かすために、私は活動を開始しました。

多くの人々が、この考えに賛同《さんどう》し、新しい救世《きゅうせい》運動に参画《さんかく》してくださることを望みます。

あとがき

ギリシャ神話では、ヘルメスという神は霊界《れいかい》からの通信役としての使命《しめい》を担《にな》っている。本書の内容《ないよう》を読み返してみて、つくづく、私もそのような重大な任務《にんむ》を帯《お》びている存在《そんざい》であると感じている。

とにかく、あの世の事情《じじょう》、霊界事情に精通《せいつう》しているのだ。数多くの霊人《れいじん》たちと話もしてきたし、実際《じっさい》に、この世ならざる次元の世界へと羽《は》ばたいて見聞《けんぶん》してきたことも数多くある。

こうした豊富《ほうふ》な霊界体験《たいけん》をもとにしながら、法として、一枚《まい》の織物《おりもの》として、布《ぬの》として織《お》りつづけているのが、幸福《こうふく》の科学《かがく》の教義体系《きょうぎたいけい》である。

まことにまことに不思議《ふしぎ》な天命《てんめい》を担った仕事であると考えている。

本書を読み通してみれば、仏陀《ぶっだ》、ヘルメス、そして、エル・カンターレという存在、この三位一体《さんみいったい》の姿《すがた》が、じわじわと浮《う》かび上がってくるであろうと思われる。

読者の多くは知らなかったエル・カンターレという存在について、いろいろなかたちで、繰《く》り返し繰り返し、私はあなたがたにお伝えしようとしている。それは、仏陀的なる使命とヘルメス的なる使命、言い換《か》えれば、東洋の原理と西洋の原理を併《あわ》せ持って、人類を指導《しどう》していこうとする存在のことである。

そうしたエル・カンターレの教えが、いま、この太平洋に浮かぶ小さな島国、日本で説《と》かれ、そして、全世界に向けて発信されている。

私の教えも数多くの外国語に翻訳《ほんやく》されつつある。一冊《いっさつ》一冊が、いろいろな国籍《こくせき》の人たちに読まれている。日々、この真理は広がりつつある。

おそらく、この教えは、これから百年以内に全地球的に広がっていくだろう。そして、この教えそのものは、いまから二千年後、三千年後まで広まりつづけるであろうし、多くの人類を導《みちび》きつづける原理を内包《ないほう》しているものだと理解《りかい》されるようになるだろう。

そう、人類数千年の歴史上、幾多《いくた》の教え、思想を説いた、数限《かずかぎ》りない光の指導《しどう》霊《れい》、光の天使たちを、導いていた存在が、いま、その姿を現《あらわ》し、その教えを明らかにしようとしているのだ。

あなたがたがいま目にしている真理は、限りなく深く、限りなく遠くまで続いているものである。のちのちの人々に伝えるためにも、いま、正確《せいかく》にこの真理を学び、そして語ってほしいと思う。

私は、あなたがたの信ずる愛であり、あなたがたの信ずる真理であり、あなたがたの求める道であり、あなたがたの欲《ほっ》する希望でもある。

あなたがたの主《しゅ》は一人である。あなたがたの主はエル・カンターレ。そのエル・カンターレへの道を、うまずたゆまず歩《あゆ》んでほしいと思う。

二〇〇五年　春

幸福《こうふく》の科学《かがく》グループ創始者兼総裁《そうししゃけんそうさい》　大川隆法《おおかわりゅうほう》

本書は左記の法話や質疑応答をとりまとめ、加筆したものです。

第1章　泥中の花
二〇〇三年三月十八日説法
東京都・幸福の科学総合本部にて

第2章　死後の世界について
二〇〇一年十一月二十八日説法
東京都・幸福の科学総合本部にて

第3章　信仰とは何か（質疑応答）

1　なぜ神がいるのか
一九八九年七月八日 第四回講演会
埼玉県・ソニックシティにて
2　教団に所属することの意義
一九九〇年七月二十九日 第八回講演会

3　信仰心の発展段階
愛知県・愛知体育館にて
一九九〇年十一月二十三日 第三回特別講演会

沖縄県・沖縄コンベンションセンターにて

4　仏という言葉をどう理解するか

一九八九年五月二十八日 第三回講演会
兵庫県・神戸ポートアイランドホールにて

5　信仰と知の関係

一九八九年六月二十八日 ウィークデーセミナー
東京都・社会文化会館にて

6　信仰とは、どのようなものか

一九九三年一月二十四日 特別セミナー
兵庫県・明石市民会館にて

7　信仰と奇跡の関係

一九九〇年五月三日 五月研修
兵庫県・宝塚グランドホテルにて

第4章　愛は風の如く――"Love Blows Like the Wind"

二〇〇三年十二月十六日説法
東京都・幸福の科学総合本部にて

『信仰のすすめ』関連書籍

『神秘の法』（大川隆法 著　幸福の科学出版刊）
『太陽の法』（同右）
『黄金の法』（同右）
『愛は風の如く』全四巻（同右）

信仰《しんこう》のすすめ　——泥中《でいちゅう》の花・透明《とうめい》な風の如《ごと》く——

2005年6月27日　初版第1刷
2024年11月14日　第10刷

著　者　　大《おお》川《かわ》隆《りゅう》法《ほう》

発行所　　幸福の科学出版株式会社

〒107-0052 東京都港区赤坂2丁目10番8号
TEL(03)5573-7700
https://www.irhpress.co.jp/

印刷　株式会社 研文社
製本　株式会社 ブックアート

落丁・乱丁本はおとりかえいたします

ISBN978-4-87688-539-8 C0030
装丁・イラスト・写真©幸福の科学

大川隆法ベストセラーズ・人生の目的と使命を知る

「大川隆法　初期重要講演集 ベストセレクション」シリーズ

初期講演集シリーズ 第1〜7弾！

【各 1,980 円】

幸福の科学初期の情熱的な講演を取りまとめた講演集シリーズ。幸福の科学の目的と使命を世に問い、伝道の情熱や精神を体現した救世の獅子吼《ししく》がここに。

1 幸福の科学とは何か
2 人間完成への道
3 情熱からの出発
4 人生の再建
5 勝利の宣言
6 悟りに到る道
7 許す愛

1

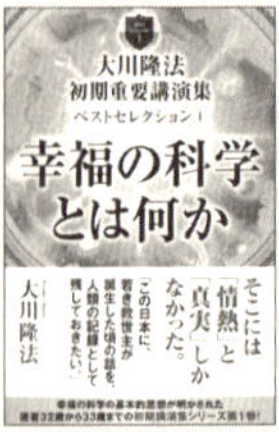

2

3

4

5

6

7

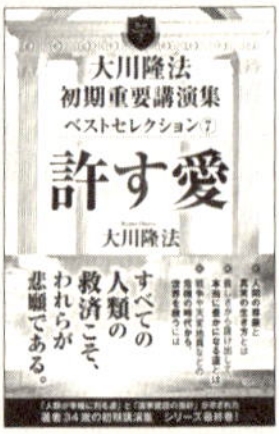

※表示価格は税込10%です。

大川隆法ベストセラーズ・入門「幸福の科学」

幸福の法

法シリーズ 第8巻

人間を幸福にする四つの原理

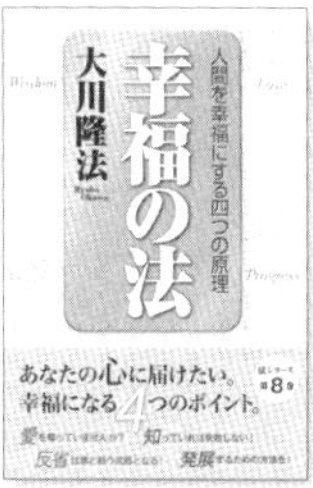

「幸福とは、いったい何であるか」をテーマにした法シリーズ第８巻。真っ向から、幸福の科学入門を目指した基本法。愛・知・反省・発展の「幸福の原理」について、初心者にも分かりやすく説かれた一冊。

1,980円

幸福の科学とは何か

初歩からの仏法真理

幸福へのファースト・ステップをあなたに。幸福の科学の教えを分かりやすく解説した入門の一冊。仏法真理の骨格となるテーマを八項目にわたって体系的に取り上げる（2024年8月改版第２刷）。

1,760円

真理学要論

新時代を拓く叡智の探究

多くの人に愛されてきた真理の入門書。「愛と人間」「知性の本質」「反省と霊能力」「芸術的発展論」の全４章を収録し、幸福に至るための四つの道である「現代の四正道」を具体的に説き明かす（2024年10月改訂新版）。

1,870円

新・心の探究

神の子人間の本質を探る

心の諸相、心の構造、浄化法、心の持つ力学的性質、心の段階、極致の姿など、人間の「心」の実像をさまざまな角度から語った、心の探究についての基本書（2023年10月改版）。

1,100円

大川隆法ベストセラーズ・霊的世界への目覚め

永遠の法

法シリーズ 第3巻

エル・カンターレの世界観

人はどこから来て、どこへ行くのか――。すべての人が死後に旅立つ、あの世の世界。天国と地獄をはじめ、その様子を明確に解き明かした、霊界ガイドブックの決定版。

2,200円

神秘の法

法シリーズ 第10巻

次元の壁を超えて

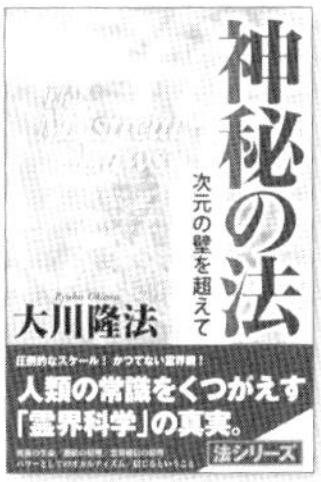

この世とあの世を貫く秘密を解き明かし、あなたに限界突破の力を与える書。この真実を知ったとき、底知れぬパワーが湧いてくる。人類の常識をくつがえす「霊界科学」の真実がここに。

1,980円

復活の法

法シリーズ 第12巻

未来を、この手に

人生の目的や使命に関して、霊的な人生観を――。死後の世界を豊富な具体例で明らかにし、天国に還るための生き方を説く。ガンや生活習慣病、ぼけを防ぐ、心と体の健康法も示される。

1,980円

地獄の法

法シリーズ 第29巻

あなたの死後を決める「心の善悪」

どんな生き方が、死後、天国・地獄を分けるのかを明確に示した、姿を変えた『救世の法』。現代に降ろされた「救いの糸」を、あなたはつかみ取れるか。

2,200円

大川隆法ベストセラーズ・「信仰」と「愛」を知る

信仰の法

法シリーズ 第24巻

地球神エル・カンターレとは

さまざまな民族や宗教の違いを超えて、地球をひとつに——。文明の重大な岐路に立つ人類へ、地球神エル・カンターレからのメッセージがここに。

2,200円

愛から祈りへ

よみがえるヘルメスの光

いま、ふたたび愛の時代が訪れる——。本書につづられた詩編や祈りの言葉の数々が、希望の光となって、あなたの魂を癒す。主なる神の心にかなった自分となるための祈りの書。

1,650円

原説・『愛の発展段階説』

若き日の愛の哲学

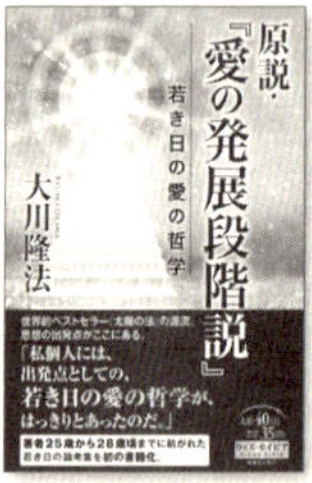

著者が宗教家として立つ前、商社勤めをしながら書きためていた論考を初の書籍化。思想の出発点である「若き日の愛の哲学」が説かれた宝物のような一冊。

1,980円

心の指針 Selection 4

信仰心と希望

心の指針 Selection シリーズ

信じる心には運命を好転させる力がある——。人生のどんな苦難や困難も乗り越えていく「勇気」と「やる気」と「未来への希望」を与えてくれる12章。

1,320円

※表示価格は税込10%です。

大川隆法ベストセラーズ・自も他も幸福にする道

自も他も生かす人生

あなたの悩みを解決する「心」と「知性」の磨き方

自分を磨くことが周りの人の幸せにつながっていく生き方とは。悩みや苦しみを具体的に解決し、人生を好転させる智慧が説き明かされた中道的人生論。

1,760円

自分を鍛える道

沈黙の声を聞き、本物の智慧を得る

成功を持続させる極意がここに。本書の題名どおり、「自分を鍛える道」そのものの人生を生きてきた著者が明かす、「知的生産」の源泉と「創造」の秘密。

1,760円

自助論の精神

「努力即幸福」の境地を目指して

運命に力強く立ち向かい、「努力即幸福」の境地へ——。嫉妬心や劣等感の克服、成功するメカニカルな働き方等、実践に基づいた珠玉の人生訓を語る。

1,760円

私の人生論

「平凡からの出発」の精神

「努力に勝る天才なしの精神」「信用の獲得法」など、著者の実践に裏打ちされた「人生哲学」——。人生を長く輝かせ続ける秘密が明かされる。

1,760円

幸福の科学出版

大川隆法ベストセラーズ・人生を導く「救世の指針」

われ一人立つ。大川隆法第一声

幸福の科学発足記念座談会

著者の宗教家としての第一声、「初転法輪《しょてんぼうりん》」の説法が書籍化。世界宗教・幸福の科学の出発点であり、壮大な教えの輪郭が説かれた歴史的瞬間が甦《よみがえ》る。

1,980円

大川隆法　東京ドーム講演集

エル・カンターレ「救世の獅子吼《ししく》」

全世界から5万人の聴衆が集った情熱の講演が、ここに甦る。過去に11回開催された東京ドーム講演を収録した、世界宗教・幸福の科学の記念碑的な一冊。

1,980円

真実を貫く

人類の進むべき未来

混迷する世界情勢、迫りくる核戦争の危機、そして誤った科学主義による唯物論の台頭……。地球レベルの危機を乗り越えるための「未来への指針」が示される。

1,760円

地球を包む愛

人類の試練と地球神の導き

日本と世界の危機を乗り越え、希望の未来を開くために──。天御祖神の教えと、その根源にある主なる神「エル・カンターレ」の考えが明かされた、地球の運命を変える書。

1,760円

※表示価格は税込10%です。

大川隆法ベストセラーズ・主なる神エル・カンターレを知る

太陽の法

法シリーズ 第1巻

エル・カンターレへの道

創世記や愛の段階、悟りの構造、文明の流転を明快に説き、主エル・カンターレの真実の使命を示した、仏法真理の基本書。25言語で発刊され、世界中で愛読されている大ベストセラー。

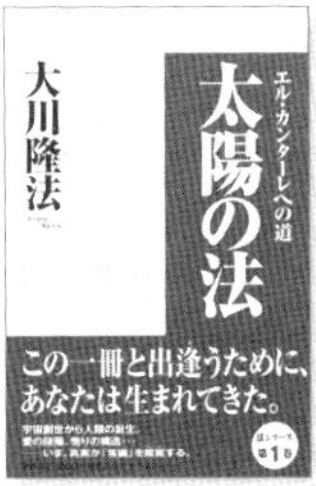

2,200円

メシアの法

法シリーズ 第28巻

「愛」に始まり「愛」に終わる

「この世界の始まりから終わりまで、あなた方と共にいる存在、それがエル・カンターレ」──。現代のメシアが示す、本当の「善悪の価値観」と「真実の愛」。

2,200円

永遠の仏陀

不滅の光、いまここに

すべての者よ、無限の向上を目指せ──。大宇宙を創造した久遠の仏が、生きとし生けるものへ託した願いとは。

1,980円

〔携帯版〕

1,320円

〔携帯版〕

幸福の科学の本のお求めは、
お電話やインターネットでの通信販売もご利用いただけます。

フリーダイヤル **0120-73-7707** (月~土 9:00~18:00)

幸福の科学出版公式サイト　幸福の科学出版　検索

https://www.irhpress.co.jp

幸福の科学グループのご案内

宗教、教育、政治、出版などの活動を通じて、地球的ユートピアの実現を目指しています。

幸福の科学

一九八六年に立宗。信仰の対象は、地球系霊団の最高大霊、主エル・カンターレ。世界百七十四カ国以上の国々に信者を持ち、全人類救済という尊い使命のもと、信者は、「愛」と「悟り」と「ユートピア建設」の教えの実践、伝道に励んでいます。

（二〇二四年十月現在）

愛

幸福の科学の「愛」とは、与える愛です。これは、仏教の慈悲《じひ》や布施《ふせ》の精神と同じことです。信者は、仏法真理をお伝えすることを通して、多くの方に幸福な人生を送っていただくための活動に励んでいます。

悟り

「悟り」とは、自らが仏の子であることを知るということです。教学《きょうがく》や精神統一によって心を磨き、智慧《ちえ》を得て悩みを解決すると共に、天使・菩薩《ぼさつ》の境地を目指し、より多くの人を救える力を身につけていきます。

ユートピア建設

私たち人間は、地上に理想世界を建設するという尊い使命を持って生まれてきています。社会の悪を押しとどめ、善を推し進めるために、信者はさまざまな活動に積極的に参加しています。

幸福の科学の教えをさらに学びたい方へ

心を練る。叡智《えいち》を得る。
美しい空間で生まれ変わる――

幸福の科学の精舎《しょうじゃ》

幸福の科学の精舎《しょうじゃ》は、信仰心《しんこうしん》を深め、悟《さと》りを向上させる聖なる空間です。全国各地の精舎では、人格向上のための研修や、仕事・家庭・健康などの問題を解決するための助力が得られる祈願《きがん》を開催《かいさい》しています。研修や祈願に参加することで、日常で見失いがちな、安らかで幸福な心を取り戻《もど》すことができます。

総本山・正心館

総本山・未来館

総本山・日光精舎

総本山・那須精舎

東京正心館

全国に27精舎を展開

運命が変わる場所――

幸福の科学の支部《しぶ》

幸福の科学は1986年の立宗《りっしゅう》以来、「私、幸せです」と心から言える人を増やすために、世界各地で活動を続けています。
国内では、全国に400カ所以上の支部が展開し、信仰《しんこう》に出合って人生が好転する方が多く誕生しています。
支部では御法話拝聴会、経典学習会、祈願、お祈り、悩み相談などを行っています。

支部・精舎のご案内

happy-science.jp/
whats-happy-science/worship

海外支援・災害支援

幸福の科学のネットワークを駆使し、世界中で被災地復興や教育の支援をしています。

毎年２万人以上の方の自殺を減らすため、全国各地でキャンペーンを展開しています。

公式サイト **withyou-hs.net**

自殺防止相談窓口

受付時間　火～土:10～18時（祝日を含む）

TEL **03-5573-7707**　メール **withyou-hs@happy-science.org**

視覚障害や聴覚障害、肢体不自由の方々と点訳・音訳・要約筆記・字幕作成・手話通訳等の各種ボランティアが手を携えて、真理の学習や集い、ボランティア養成等、様々な活動を行っています。

公式サイト **helen-hs.net**

入会のご案内

幸福の科学では、主エル・カンターレ 大川隆法総裁が説く仏法真《ぶっぽうしん》理《り》をもとに、「どうすれば幸福になれるのか、また、他の人を幸福にできるのか」を学び、実践しています。

入会

仏法真理を学んでみたい方へ

主エル・カンターレを信じ、その教えを学ぼうとする方なら、どなたでも入会できます。入会された方には、『入会版「正心法語《しょうしんほうご》」』が授与されます。

入会ご希望の方はネットからも入会申し込みができます。

happy-science.jp/joinus

三帰《さんき》誓願《せいがん》

信仰をさらに深めたい方へ

仏弟子としてさらに信仰を深めたい方は、仏《ぶっ》・法《ぽう》・僧《そう》の三宝《さんぽう》への帰依を誓う「三帰誓願式」を受けることができます。三帰誓願者には、『仏説・正心法語』『祈願文《きがんもん》①』『祈願文②』『エル・カンターレへの祈り』が授与されます。

幸福の科学 サービスセンター

TEL 03-5793-1727

（受付時間／火～金:10～20時　土・日祝:10～18時（月曜を除く））

幸福の科学 公式サイト

happy-science.jp

幸福実現党

内憂外患《ないゆうがいかん》の国難に立ち向かうべく、2009年5月に幸福実現党を立党しました。創立者である大川隆法党総裁の精神的指導のもと、宗教だけでは解決できない問題に取り組み、幸福を具体化するための力になっています。

幸福実現党 党員募集中

あなたも幸福を実現する政治に参画しませんか。

＊申込書は、下記、幸福実現党公式サイトでダウンロードできます。

住所：〒107-0052
東京都港区赤坂2-10-8 6階 幸福実現党本部

TEL 03-6441-0754　FAX 03-6441-0764
公式サイト hr-party.jp

HS政経塾

大川隆法総裁によって創設された、「未来の日本を背負う、政界・財界で活躍するエリート養成のための社会人教育機関」です。既成の学問を超えた仏法真理を学ぶ「人生の大学院」として、理想国家建設に貢献する人材を輩出するために、2010年に開塾しました。これまで、多数の地方議員が全国各地で活躍してきています。

TEL 03-6277-6029
公式サイト hs-seikei.happy-science.jp

ハッピー・サイエンス・ユニバーシティ

Happy Science University

ハッピー・サイエンス・ユニバーシティとは

ハッピー・サイエンス・ユニバーシティ(HSU)は、
大川隆法総裁が設立された「日本発の本格私学」です。
建学の精神として「幸福の探究と新文明の創造」を掲げ、
チャレンジ精神にあふれ、新時代を切り拓く人材の輩出を目指します。

人間幸福学部　経営成功学部　未来産業学部

HSU長生キャンパス TEL **0475-32-7770**

〒299-4325　千葉県長生郡長生村一松丙 4427-1

未来創造学部

HSU未来創造・東京キャンパス

TEL **03-3699-7707**

〒136-0076　東京都江東区南砂2-6-5　公式サイト **happy-science.university**

学校法人 幸福の科学学園

学校法人 幸福の科学学園は、幸福の科学の教育理念のもとにつくられた教育機関です。人間にとって最も大切な宗教教育の導入を通じて精神性を高めながら、ユートピア建設に貢献する人材輩出を目指しています。

幸福の科学学園

中学校・高等学校(那須本校)

2010年4月開校・栃木県那須郡(男女共学・全寮制)

TEL **0287-75-7777** 公式サイト **happy-science.ac.jp**

関西中学校・高等学校(関西校)

2013年4月開校・滋賀県大津市(男女共学・寮及び通学)

TEL **077-573-7774** 公式サイト **kansai.happy-science.ac.jp**

仏法真理塾「サクセスNo.1」

全国に本校・拠点・支部校を展開する、幸福の科学による信仰教育の機関です。小学生・中学生・高校生を対象に、信仰教育・徳育にウエイトを置きつつ、将来、社会人として活躍するための学力養成にも力を注いでいます。

TEL 03-5750-0751(東京本校)

エンゼルプランV

東京本校を中心に、全国に支部教室を展開。信仰をもとに幼児の心を豊かに育む情操教育を行い、子どもの個性を伸ばして天使に育てます。

TEL 03-5750-0757(東京本校)

エンゼル精舎

乳幼児が対象の、託児型の宗教教育施設。エル・カンターレ信仰をもとに、「皆、光の子だと信じられる子」を育みます。
(※参拝施設ではありません)

不登校児支援スクール「ネバー・マインド」

TEL 03-5750-1741

心の面からのアプローチを重視して、不登校の子供たちを支援しています。

ユー・アー・エンゼル!(あなたは天使!)運動

障害児の不安や悩みに取り組み、ご両親を励まし、勇気づける、障害児支援のボランティア運動を展開しています。

一般社団法人 ユー・アー・エンゼ
TEL 03-6426-7797

NPO活動支援

学校からのいじめ追放を目指し、さまざまな社会提言をしています。また、各地でのシンポジウムや学校への啓発ポスター掲示等に取り組む一般財団法人「いじめから子供を守ろうネットワーク」を支援しています。

いじめから子供を守ろうネットワーク

公式サイト mamoro.org　ブログ blog.mamoro.org
相談窓口 TEL.03-5544-8989

百歳まで生きる会～いくつになっても生涯現役～

幸福の科学

「百歳まで生きる会」は、生涯現役人生を掲げ、友達づくり、生きがいづくりを通じ、一人ひとりの幸福と、世界のユートピア化のために、全国各地で友達の輪を広げ、地域や社会に幸福を広げていく活動を続けているシニア層(55歳以上)の集まりです。

【サービスセンター】TEL 03-5793-1727

シニア・プラン21

「百歳まで生きる会」の研修部門として、心を見つめ、新しき人生の再出発、社会貢献を目指し、セミナー等を開催しています。

【サービスセンター】TEL 03-5793-1727

幸福の科学グループ **出版 メディア 芸能文化**

幸福の科学出版

大川隆法総裁の仏法真理の書を中心に、ビジネス、自己啓発、小説など、さまざまなジャンルの書籍・雑誌を出版しています。他にも、映画事業、文学・学術発展のための振興事業、テレビ・ラジオ番組の提供など、幸福の科学文化を広げる事業を行っています。

アー・ユー・ハッピー?
are-you-happy.com

ザ・リバティ
the-liberty.com

THE FACT

YouTubeにて
随時好評
配信中!

ザ・ファクト

マスコミが報道しない
「事実」を世界に伝える
ネット・オピニオン番組

公式サイト **thefact.jp**

幸福の科学出版

TEL **03-5573-7700**

公式サイト **irhpress.co.jp**

NEW STAR PRODUCTION

ニュースター・プロダクション

「新時代の美」を創造する芸能プロダクションです。多くの方々に良き感化を与えられるような魅力あふれるタレントを世に送り出すべく、日々、活動しています。 公式サイト **newstarpro.co.jp**

ARI《アリ》 Production《プロダクション》

タレント一人ひとりの個性や魅力を引き出し、「新時代を創造するエンターテインメント」をコンセプトに、世の中に精神的価値のある作品を提供していく芸能プロダクションです。 公式サイト **aripro.co.jp**